一生使い続けたい！

ファスナーの基礎&応用 BOOK

誰でもファスナーつけがきれいにできるように！と、
本書では、直線やL字、カーブなど形の違いと、
飛び出したり、隠したりと見え方の違いまで、
さまざまな作品の形やタイプをご紹介しています。
デザインのレパートリーが増えれば、楽しさも倍増！
作っているうちに、いつの間にかファスナーつけが得意に！
そんな1冊にしたくて、作品をセレクトしました。
40作品中、ウエア以外の37作品が商用OK!
自分で使うもよし、家族や友人にプレゼントするもよし、
ハンドメイドできない方におすそ分けしてもいいですね。
基礎から応用、たくさんのデザインを詰め込んだ保存版です。

収録作品
40点中37点が
商用
OK!

完全
編集版

一生使い続けたい！
ファスナーの
基礎&応用
BOOK

Contents

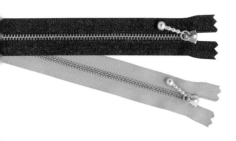

商用利用に関するお願い

本書に掲載している作品のうち、p.14～p.77、p.90～p.103
に掲載の作品に限り、作者より「個人的に複製された作品の
販売を許可する」旨の了承を得ています。ただし、作品を販
売したり、SNSに投稿したりする際は、下記の文言を明記し
てくださるよう、お願いいたします。
作品名／作者名／『一生使い続けたい！ ファスナーの基礎
&応用BOOK』掲載

基礎編
ファスナーを知る

basic

ファスナーには、長さはもちろん、素材や開き方の違い、
さらには引き手の形や色など種類がさまざまあります。
絶対にこうしなければいけないという決まりはありませんが、
素材の特徴や縫い方のコツを知っておくと、
縫いやすさや、きれいな仕上がりにつながります。

● 特に記載のない数字の単位は㎝です。
● わかりやすく説明するために糸の色を変えていますが、
　実際は布やファスナーの色に合わせた糸を使ってください。

ファスナーの名称

一般的な片開きのファスナーで名称を覚えましょう。ファスナーは長さはもちろん、材質や開き方、色柄

やレース状になったものなど、さまざまなバリエーションがあります。

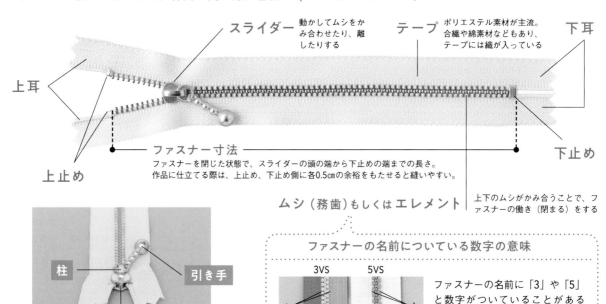

スライダー　動かしてムシをかみ合わせたり、離したりする

テープ　ポリエステル素材が主流。合繊や綿素材などもあり、テープには織が入っている

下耳

上耳

上止め

ファスナー寸法
ファスナーを閉じた状態で、スライダーの頭の端から下止めの端までの長さ。作品に仕立てる際は、上止め、下止め側に各0.5cmの余裕をもたせると縫いやすい。

下止め

柱

引き手

胴体

ムシ（務歯）もしくはエレメント　上下のムシがかみ合うことで、ファスナーの働き（閉まる）をする

ファスナーの名前についている数字の意味

3VS　5VS

ファスナーの名前に「3」や「5」と数字がついていることがあるが、その数字はムシの幅（★）を表している。数字が大きくなるほど、ムシの幅が太いファスナーということ。

ファスナーの開き方の種類

一般的には4種類の開き方があります。片開きファスナーや両開きファスナーはバッグやポーチに使わ

れることが多く、オープンファスナーや逆開きオープンファスナーはウエアに使われることが多いです。

スタンダードな
片開きファスナー

下止めでスライダーが止まり、上下のテープが離れないタイプ。

使用例　ポーチ、バッグ、スカートなど

中央から両端へ開く
両開きファスナー

スライダーが向かい合わせに2個つき、両端の下止めまでそれぞれ下げられる。

使用例　バッグ、リュックサックなど

端から端まで開く
オープンファスナー

スライダーを端まで下げることができ、上下のテープを完全に離すことができる。

使用例　ジャケット、パーカなど

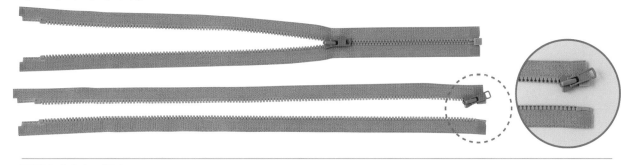

両端から中央へ開く
逆開きオープンファスナー

両端それぞれのスライダーを中央に向かって引き、中央で突き合わせになる。

使用例　ジャケット、コートなど

ファスナーの素材の種類

ファスナーの素材によって、完成した作品の印象が変わります。ここでは大きく2種類に分け、本書でよく登場するファスナーをご紹介します。

金属ファスナー

ムシに金属（合金やアルミ、ニッケルなど）を使用したファスナーで、昔から親しまれているタイプ。ムシの一つひとつが独立してテープについている。

樹脂ファスナー

ムシが樹脂製（ポリエステルやナイロンなど）でカラーバリエーションが豊富。5つのファスナーが代表的。

フラットニット®ファスナー

柔らかくて薄いニットテープにコイル状のムシが編み込まれており、薄手やストレッチ素材にも対応。上・下止めも樹脂製で子供服にも安心。

下止め

コイルファスナー

ムシがコイル状につながっており、独立している金属ファスナーやビスロン®ファスナーと比べて柔軟性がある。開閉もスムーズ。

ビスロン®ファスナー

ムシは金属ファスナーと同様のつき方。同じサイズの金属ファスナーと比べると存在感は大きいが、軽量。色は金属風の加工を施したものもある。

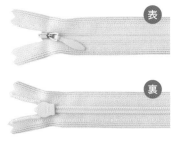

表

裏

コンシール®ファスナー

コイルファスナーの一種で、閉じた状態だとムシが表側から見えない。縫いつけた場合もファスナーや縫い目が表側に出ず目立たないため、既製品のスカートやワンピースによく用いられる。長さが微調整できるよう、下止めは動かせるようになっている。

フリースタイル®ファスナー

留め具がなく、好きな長さにカットできるファスナー。色数が豊富でファスナーとスライダーの色の組み合わせを楽しめる。スライダーを2個使って両開きにすることも可能。

ファスナーの印つけ

初心者にとってファスナーをまっすぐ縫いつけることは至難の業。まずはファスナーの中央と縫いつけ位置の印をつけましょう。上級者なら、中央の合い印のみで縫いつけはテープの織を目安にしてもOK。

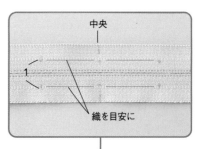

中央

1

織を目安に

ファスナーに印をつける場合

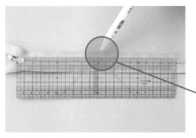

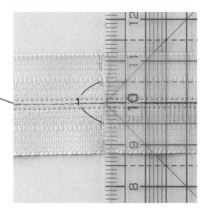

ファスナー裏の中央に合い印をつける。ファスナーのムシを中心に1cmの点を打つ。この1cmの部分をポーチの表布に縫いつける。

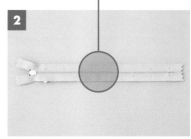

2

ファスナーのテープに直接線を引くのは難しいので、2〜3cm間隔に1cm幅の点を打つ。このとき、最初につけた中央の点を目安にテープの織に沿って点をつけていくと印をつけやすい。

中央の合い印のみの場合

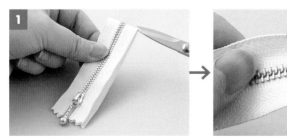

1

中央の合い印は、チャコペンで印をつけても、写真のようにノッチ（1〜2mmハサミで切り込みを入れる）を入れてもOK。

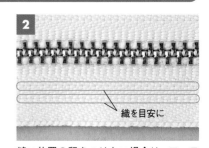

2

織を目安に

縫い位置の印をつけない場合は、ファスナーのテープに入っている織を目安に縫い進む。

---

column ❶ 「ファスナーの見え幅」は1cmがおすすめ

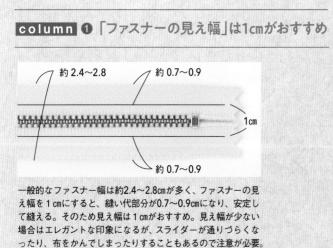

約2.4〜2.8　　約0.7〜0.9

約0.7〜0.9

1cm

一般的なファスナー幅は約2.4〜2.8cmが多く、ファスナーの見え幅を1cmにすると、縫い代部分が0.7〜0.9cmになり、安定して縫える。そのため見え幅は1cmがおすすめ。見え幅が少ない場合はエレガントな印象になるが、スライダーが通りづらくなったり、布をかんでしまったりすることもあるので注意が必要。

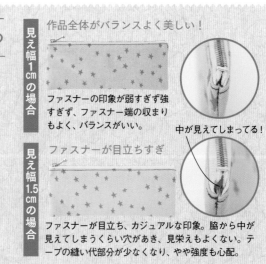

作品全体がバランスよく美しい！

見え幅1cmの場合

ファスナーの印象が弱すぎず強すぎず、ファスナー端の収まりもよく、バランスがいい。

中が見えてしまってる！

ファスナーが目立ちすぎ

見え幅1.5cmの場合

ファスナーが目立ち、カジュアルな印象。脇から中が見えてしまうくらい穴があき、見栄えもよくない。テープの縫い代部分が少なくなり、やや強度も心配。

ファスナー端の始末の違い

必ずしも端の始末をしなければならないわけではありません。する場合としない場合、端の始末のしか たによって見え方に違いが出ます。仕上がりの好み で始末のしかたを選びましょう。

三角に折る

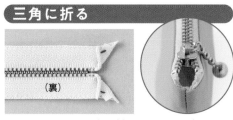

ファスナーの耳を三角に折ってとめる。縫いとめ るほか、布用ボンドで貼ったり、上級者であれば ファスナーを縫う際に耳を折りながら縫っても。

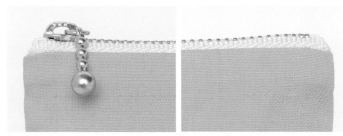

耳を三角に折ると、完成したときの角は少し斜めになる。あとから裏袋をま つる場合は、三角に折っておくとまつりやすい。

直角に折る

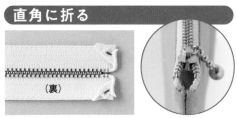

直角になるように耳を2回折る。こちらも縫いと めるほか、布用ボンドで貼ってもOK。

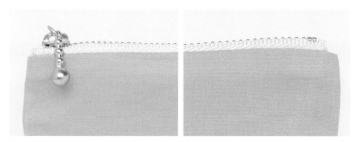

耳を直角に折ると、ファスナーのテープが脇の縫い代にかからず、表布と裏 布の間に挟まれる。完成したときの角はきっちりときれいに仕上がる。

端布をつける

端布（表）
（表）
端布（裏）
（裏）
縫いとめる

ファスナーの長さが足りない場合、端布の長さで 調節できる。脇を縫うとき、上止めや下止めから 縫い位置が離れるため、ミシンで縫いやすくなる。

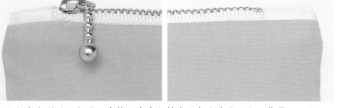

作りやすさだけでなく、本体の表布と端布の色を変えると、作品のアクセン トにもなる。

始末をせずそのまま

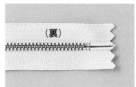

（裏）

端の始末をしなくても製作は可能。ただし、あと から裏袋をまつる仕立て方の場合は、端の始末を しておいたほうがまつりやすい。

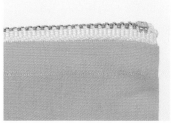

端の処理をしないと完成したときの角は直角になる。脇を縫う際、ファスナ ーのテープが脇にかかるので、厚みが出て縫いづらい場合もある。

ファスナーの縫い方

ファスナーを縫うには押さえを片押さえに替えます。縫う際は、ファスナーのスライダーを動かしながら、ミシンの押さえに当たらないようにして縫いつけます。

片押さえ

押さえ部分が片側のみなので、ファスナーのムシに押さえが当たらないで縫える。ミシンのセットに付属していることが多い、ファスナーつけに便利な押さえ金。

ファスナー押さえ

片押さえに比べ、押さえの幅が狭いので、よりファスナーに近い位置を縫うことができる。ファスナーに限らず、できるだけきわを縫いたいときにも便利な押さえ金。

並べてみるとこんなに違いが

片押さえは通常の押さえと幅は同じため、きわを縫うには限界がある。よりきわを縫いたい場合はファスナー押さえがおすすめ。

1

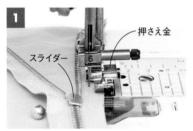

押さえ金・スライダー

押さえを片押さえに替え、ファスナーを縫う。

2

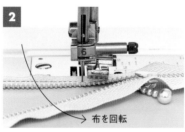

布を回転

スライダーの手前まできたら押さえを上げて布を90度回転させる。

3

引き手

スライダーを引く。

4

布を元に戻す

布を元に戻し、残りのファスナーを縫う。

挟んで縫う場合も同じ

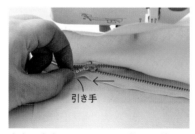

引き手

表布と裏布でファスナーを挟んで縫う場合も、スライダーの手前まで縫ったら押さえを上げ、スライダーを引く。

NG

ファスナーのムシに乗り上げて縫うと、まっすぐ縫い進められないだけでなく、送り歯を傷つけてしまうこともあるので注意して。

要注意

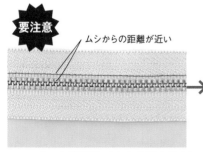

ムシからの距離が近い

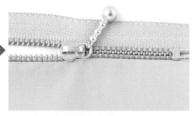

ファスナーを縫う際、ムシから近すぎると、ファスナーを開閉する際にスライダーが通りづらくなったり、布をかんでしまったりすることもあるので注意が必要。本書でのファスナーの見え幅は1〜1.5cm。

column ❷ でき上がりのベストサイズはズバリ！「ファスナーの長さ＋1㎝」

ファスナーの長さが20㎝の場合、上止め、下止めにそれぞれ0.5㎝ずつプラスした21㎝を布のでき上がり長さにするのがおすすめ。0.5㎝の余裕があることで両脇がきれいに縫え、完成時のファスナーの収まりがよくなります。また、ファスナー端はゆがみやすい部分でもありますが、0.5㎝の間でゆがみを調整することができます。

両脇0.5㎝の余裕が仕上がりをすっきりさせる！

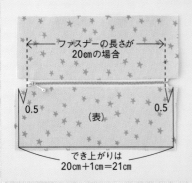

ファスナーの長さが20㎝の場合
0.5　　（表）　　0.5
でき上がりは20㎝＋1㎝＝21㎝

押さえがムシに乗らずに縫える

0.5㎝の余裕があるため、脇を縫うときに押さえを降ろしてもファスナーのムシに押さえが当たらない。

0.5㎝余裕があると縫いやすい！

（裏）

押さえが布端をきちんと押さえているため、布端まできれいにまっすぐ縫えている。

| 上止め側 | 脇側から見ると |

（表）

上止め側も、下止め側もゆがみなくきれいに仕上がっている。

| 下止め側 |

これはNG 余裕がないと「作品のゆがみ」の原因に

押さえがムシに乗っている

0.5㎝の余裕がないと脇を縫うときに押さえがムシの上に乗ってしまう。

片押さえにしても少し乗ってしまう

押さえを片押さえに替えてもファスナーのムシに乗ってしまい、縫いづらい。

| 上止め側 | 脇側から見ると |

（表）

縫いづらいだけでなくゆがみが出てしまい、ファスナー端がポコッと出っぱった感じの残念な仕上がりに。

| 下止め側 |

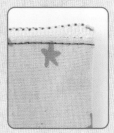

ファスナーの長さ調節

自分で長さ調節できるものも

金属ファスナーとビスロン®ファスナーは、ムシがーつひとつ独立しているので、自分で長さを調節することが可能。最初に上止めをはずし、次に好みの長さになるまでムシをテープからはずします。新しい上止めをはめ、固定すれば調節完了です。購入したお店で長さを調節してくれることもあるので、購入時にお願いしても。

用意するもの
❶カナヅチ❷喰い切り
❸ヤットコ（あると便利）
❹ゴム板 ❺ビスロン®ファスナー1本 ❻上止め2個

ビスロン®ファスナーの場合
※金属ファスナーの場合も同じ要領。けがをしないよう、十分注意して行ってください。

1

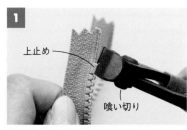

上止めを喰い切りで挟み、テープを傷つけないようにしながらパチンと切るようにしてはずす。

2

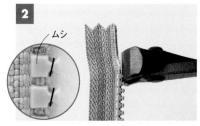

1と同じ要領でムシを一つひとつ挟んで切り、取り外す。円写真の位置を切るようにするとやりやすい。これを繰り返し、好みの長さまではずす。

3

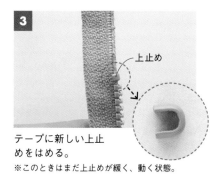

テープに新しい上止めをはめる。
※このときはまだ上止めが緩く、動く状態。

4

上止めの位置を整え、ヤットコで軽く挟んで仮どめする（上止めが動かなくなり、次の作業がラクになる）。

5

ゴム板の上にファスナーを置き、カナヅチで上止めをたたいて固定する。

6

反対側も同様に上止めとムシをはずし、新しい上止めを対称につける。

コイルファスナーやフラットニット®ファスナーの場合

別売りの下止めを入手できたら、好きな位置にペンチでとめればOKです。ただ、別売りの下止めを使わなくても、手縫いかミシンで返し縫いする以下の方法でも調整できます。

20cmファスナーを17cmファスナーにする場合

1

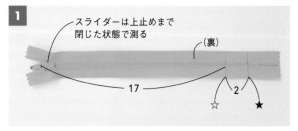

スライダー頭端から17cm（☆）と19cm（★）に印をつける。

2

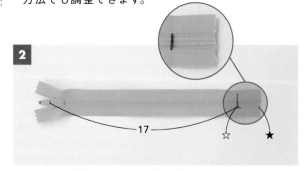

☆の位置を手縫いかミシンで返し縫いし、★でカットする。17cmのファスナーができた。

ファスナーの縫い代の計算方法

完成したとき、ファスナーのムシからテープ部分がそれぞれ0.5cm見えるようにした計算式です。手持ちのファスナーの幅に合わせて縫い代幅を計算してください。

ファスナー幅を測ってファスナーつけ側の縫い代を決めます

2.4cm幅の場合

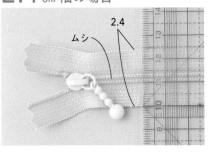

ファスナーの縫い代が決定したら、表布や裏布のファスナーつけ位置の縫い代幅もそろえます。同じ縫い代幅にすることで、布端とファスナー端を合わせればよく、製作もラクになります。

計算式

$$【2.4_{cm} - 1_{cm}】\div 2 = 0.7_{cm}$$

（ファスナー幅）（見え幅）

↑
表布と裏布の
ファスナーつけ側の縫い代

2.6cm幅の場合

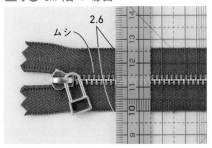

計算式

$$【2.6_{cm} - 1_{cm}】\div 2 = 0.8_{cm}$$

（ファスナー幅）（見え幅）

↑
表布と裏布の
ファスナーつけ側の縫い代

2.8cm幅の場合

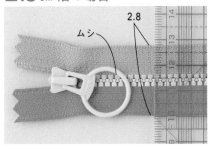

計算式

$$【2.8_{cm} - 1_{cm}】\div 2 = 0.9_{cm}$$

（ファスナー幅）（見え幅）

↑
表布と裏布の
ファスナーつけ側の縫い代

3cm幅の場合

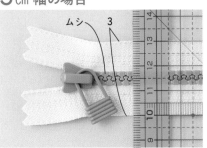

計算式

見え幅を1.2cmに変更

$$【3.0_{cm} - 1.2_{cm}】\div 2 = 0.9_{cm}$$

（ファスナー幅）（見え幅）

↑
表布と裏布の
ファスナーつけ側の縫い代

ムシが大きい5VS
ムシが大きいと、1cmの見え幅では窮屈に見える場合も。大きさによって見え幅は変えて。

ハンドメイドのお役立ち用具・用品

ハンドメイドに欠かせないハサミやまち針のほか、きれいな仕立てや、作業効率アップにお役立ちの便利なアイテムをご紹介します。ぜひ実際に使ってみて、作業がスムーズに進み、作品の完成度がアップすることを実感してください。

商品協力／クロバー

まち針
布どおりがよく、布を傷めにくい定番のまち針。耐熱性があるので、このままアイロンもかけられる。100本入り。「シルク待針〈耐熱〉」

チャコペン
水や消しペンで印が消せるタイプ（左）や、時間がたつと自然に消えるタイプ（右）などがある。細いペン先は図案などの細かい印つけに便利。左／「水性チャコペン〈青〉」右／「水性チャコペン〈紫〉」

目打ち
ミシンの送りをガイドしたり、角を整えたりと、細かい部分の作業をサポート。先端がとがりすぎずに布を傷めない「なめらか目打」も便利。左／「N目打」右／「なめらか目打」

リッパー
ボタンの糸切りや縫い損じをほどいたり、ボタンホールの穴をあけたりするのに使う。

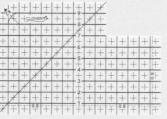

仮止めクリップ
まち針でとめにくい素材や、何枚も布が重なってまち針ではとまらないときなどに使う。色やサイズも豊富にそろう。

アイロン定規
定規の線に合わせて布を折り上げ、定規を当てたままアイロンを当てる。布がずれにくく、スチームにも強い。

コロコロオープナー
厚みのある布の縫い代を割ったり、ラミネートに折り目をつけたり。軽い力で作業ができて、仕上がりが格段にアップする。

テープメーカー 18mm幅
バイアスに細長く裁った布をこれに通してアイロンを当てれば、あっという間にバイアステープの完成！ ほかに6mm幅、12mm幅、25mm幅、50mm幅もある。

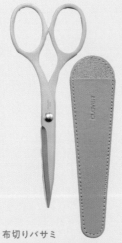

裁ちバサミ
本体の軽さと切れ味にとことんこだわった裁ちバサミ。手になじみやすい強化樹脂製ハンドルで、長く持っていても疲れにくい。「布切はさみ〈ブラック〉24cm」

布切りバサミ
小物作りなどの生地のカットに、扱いやすいサイズの布切りバサミ。鋭い刃先と精密な研磨仕上げで、切れ味がとてもよく、細かな所も正確にカットできる。「シャープル165」

糸切りバサミ
糸切りから生地のカットまで幅広い用途で使いやすい手芸用ステンレスハサミ。左右対称の形なので、右利き・左利き、どちらの人にも持ちやすい形状。「シャープル115」

方眼定規〈20cm〉
方眼に入った目盛りで、縫い代を正しい間隔で引けるほか、正バイアスや直角を出すのも簡単。適度に柔軟性のある素材なので、曲線部分を測ることも可能。

実践編 ❶

ファスナーを縫う
【小物＆バッグ】

practice

ここでは、作品にファスナーを取り入れるテクニックを学びましょう。
直線やカーブにつけたり、挟んでつけたり、くりぬいてつけたり、
ファスナーのつける位置や、つけ方によって縫い方のコツが違います。
ポーチやバッグを作りながら
さまざまなファスナーのつけ方をマスターします。

- 特に記載のない数字の単位は㎝です。
- 材料表記は全て横×縦です。
- 材料の用尺は少し余裕をもたせたサイズです。
- 作り方ページに「実物大型紙は○面」と表示されている作品は、一部、または全てのパーツを
  綴じ込みの実物大型紙を使って作ります。表示がない作品は、パーツが直線でできているので
  型紙がありません。解説図内の寸法を見てご自身で型紙を作るか、布に直接線を引いてご用意ください。
- わかりやすく説明するために糸の色を変えていますが、
  実際は布やファスナーの色に合わせた糸を使ってください。

シンプルだからこそ細部まで仕上がりにこだわりたい

基本のフラットポーチ

ファスナーポーチの「基本のき」の形。
ファスナーの色は、柄の中の1色を選ぶとまとまります。
裁断とアイロンをていねいにし、布とファスナーの中央を合わせることが大切です。

でき上がりサイズ　約縦10×横13㎝
作り方➡p.15
(Design／青木恵理子さん)

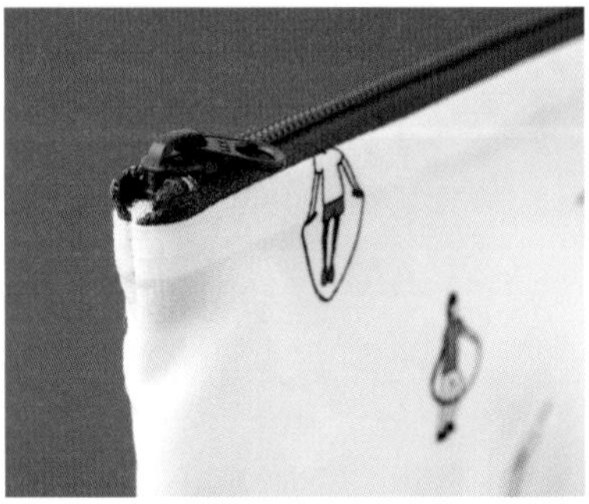

脇の縫い目やファスナーの端がピシッとそろってきれいだと、完成度がぐんと上がる。

コイルファスナー

How to make
基本のフラットポーチ

材料
表布50×25cm、裏布30×40cm、
20cmファスナー１本。

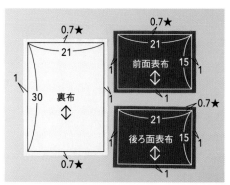

0.7★　　0.7★

21
前面表布（表）15　1

1
30　裏布　1

1　21
後ろ面表布（表）15　1

0.7★
1

0.7★　1

※ファスナーつけ側の縫い代（★）はp.11で計算
した値に変更して裁断する。今回、p.14の作品の
表布には一方向の柄を使用しました。無地や方向
のない柄布の場合は、裏布と同寸で裁断してOK。

下準備

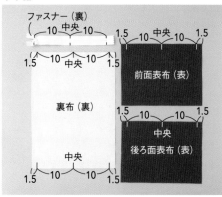

ファスナー（裏）
10 中央 10　　1.5　10 中央 10　1.5
1.5　10 中央 10　1.5
裏布（裏）　前面表布（表）

1.5 10　10 1.5
中央
後ろ面表布（表）

中央
1.5　10　10　1.5

表布の表と裏布の裏、ファスナーの裏に写真のように合い印をつける。

0.7　　0.7
後ろ面表布（裏）　前面表布（裏）

表布の裏の口側にでき上がり線を引く。

1 ファスナーをつけて底を縫います

1

ファスナー（裏）
前面表布（表）

前面表布とファスナーを中表にし、中央
と両脇の合い印を合わせてまち針でとめ
る。布端とファスナーのテープ端を合わ
せる。

2

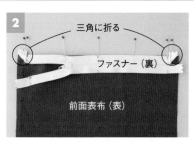

三角に折る
ファスナー（裏）
前面表布（表）

ファスナーの両端を両脇の合い印に合わ
せて三角に折り、まち針でとめる。

3

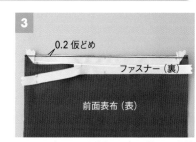

0.2 仮どめ
ファスナー（裏）
前面表布（表）

ミシンの押さえを片押さえに替え、布端
から0.2cmの位置を仮どめする。

4

前面表布（表）
裏布（裏）

3と裏布を中表にし、中央と両脇の合い
印を合わせてまち針でとめる。

5

裏布（表）
前面表布（裏）

前面表布側から、さらにまち針をとめる。

6

0.7
裏布（表）　前面表布（裏）

でき上がり位置を縫う。

Advice
前面表布側からさらにまち針をとめるのは、裏布を下にし
て縫いたいからです。仮どめされていない裏布を下の送り
歯側にして縫うと、ちゃんと布が送られるため、布がたる
むのを防ぐことができます。

7

 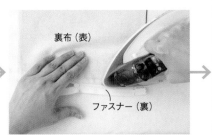 

前面表布（表）
裏布（表）
ファスナー（表）
裏布（表）
ファスナー（裏）
ファスナー（裏）
裏布（表）

表に返して布を引っぱりながらアイロンをかける。

Advice
アイロンはかけられるときにかけると完成度が上がります。

8

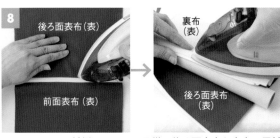

後ろ面表布（表）
前面表布（表）
裏布（表）
後ろ面表布（表）

ファスナーの反対側に **1〜7** と同様に後ろ面表布と裏布の反対側の口側をつけ、アイロンをかける。

9

表布（裏）
裏布（裏）
表布（裏）
裏布（表）

表布同士を中表に合わせて底を縫い、アイロンで割る。裏布を一緒に縫わないように気をつける。

Advice
ラップの芯などを土台にすると、筒になったあとも縫い代のアイロンがかけやすいです。その場合、中温でかけてください。

2 　両脇を縫います

1

表布（表）
表布（裏）

表布・裏布同士を中表に合わせて両脇をまち針でとめる。このとき、ファスナーは開けておく。

Advice
写真のようにファスナーを倒して★と♥が合うようにまち針でとめます。縫い代は表布側に倒します。こうすることで完成時にゆがみが出ません。

2

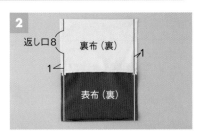

返し口8
裏布（裏）
1
1
表布（裏）

裏布に返し口を残して両脇を縫う。

3

表布（裏）
裏布（裏）
裏布（裏）
表布（裏）

両脇の縫い代をアイロンで割る。

Advice
裏布の底の角の縫い代は目打ちなどで内側にかぶせると完成したときにすっきりします。

角の縫い代を内側にかぶせる
裏布（裏）

4

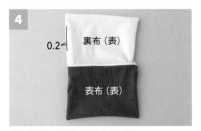

裏布（表）
0.2
表布（表）

表に返して返し口をとじる。

完成！

苦手意識が高いカーブは「しつけ」のひと手間でラクラク！

L字のフラットポーチ

自分で作れたらうれしい、角が正円のカーブになっているL字ポーチ。
作品と同色系のファスナーを使うとまとまりがいいですが、
柄と相性のいいパキッとした色を合わせるのもおしゃれ。

でき上がりサイズ　約縦18×横25㎝
作り方 ➡ p.18
（Design ／青木恵理子さん）

美しいカーブにするには、
ファスナーに切り込みを
入れ、しつけをしてから
縫うのがコツ。

L字のフラットポーチ (p.17)

コイルファスナー

材料
表布60×30cm、
裏布60×30cm、40cmファスナー1本。

実物大型紙はA面

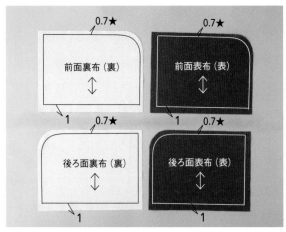

※ファスナーつけ側の縫い代（★）はp.11で計算した値に変更して裁断する。表布の表と裏布の裏に右上の写真のように合い印をつける。

下準備

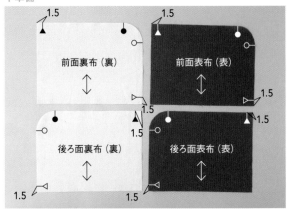

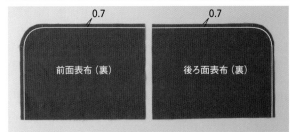

表布の裏の口側にでき上がり線を引く。

1 ファスナーをつけます

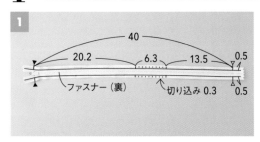

1 写真のようにファスナーに印をつけ、切り込みを入れる。

2 前面表布とファスナーを中表にし、合い印を合わせてまち針でとめる。布端とファスナーのテープ端を合わせる。ファスナーの両端を合い印に合わせて三角に折り、まち針でとめる。さらにまち針とまち針の間にも細かく打つ。

Advice
しつけをかけることでファスナーがしっかり固定され、仕上がりがきれいになります。

3 カーブ部分にでき上がり線より外側にしつけをかける。

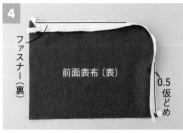

4 布端から0.5cmの位置を仮どめする。

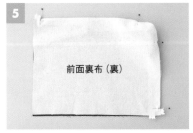

5 4と前面裏布を中表にし、合い印を合わせてまち針でとめる。

前面表布側から、さらにまち針とまち針の間を細かく打つ。でき上がり線を縫う。

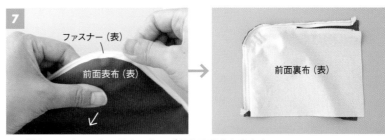

表に返してアイロンをかける。カーブ部分は表布と裏布を一緒に中央方向に引っぱって整える。

ファスナーの反対側に後ろ面を 2〜7 と同様につけ、アイロンをかける。

2 脇と底を縫います

表布・裏布同士を中表に合わせてまち針でとめる。このとき、ファスナーは開けておく。

Advice
写真のようにファスナーを倒して★と♥が合うようにまち針でとめます。縫い代は表布側に倒します。こうすることで完成時にゆがみが出ません。

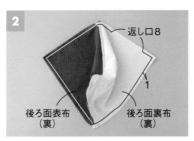

裏布に返し口を残して、でき上がり線をぐるりと縫う。

完成！

縫い代をアイロンで割って表に返す。返し口をとじて完成。

ファスナー口全体がカーブしている
まち付きラウンドポーチ

全体的にカーブしてつける場合も、ファスナーに切り込みを入れて形に沿わせます。
手のひらに収まるポーチは、1つ持っていると、
コスメやソーイングポーチなど、いろいろなシーンや用途で使えて便利です。

でき上がりサイズ
約縦11.5×横13.5cm、まち幅約3cm
作り方➡p.21
（Design／鈴木ふくえさん）

3cmのまち付きで収納力
を保ちつつ、バッグの中
でもかさばらないコンパク
トさが優秀。

コイルファスナー

How to make

まち付きラウンドポーチ

材料
表布40×20cm、裏布40×20cm、
接着芯40×20cm、20cmファスナー1本。
※表布の裏全体に接着芯を貼っておく。
※ファスナーの両端は三角に折って縫いとめておく。

実物大型紙はA面

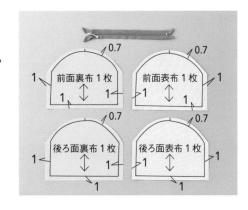

1　ファスナーをつけます

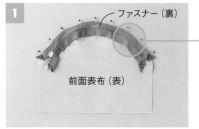

前面表布とファスナーを中表に合わせ、中央の合い印を合わせてまち針でとめる。カーブがきつい部分はファスナーに切り込みを入れる。

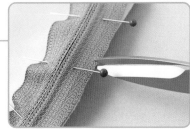

布端から0.2cmの位置を仮どめする。

2と前面裏布を中表に合わせてでき上がり位置を縫う。

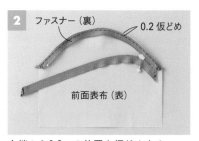

表に返して形を整える。

後ろ面表布とファスナーの反対側を中表に合わせ、中央の合い印を合わせてまち針でとめる。カーブがきつい部分はファスナーに切り込みを入れる。

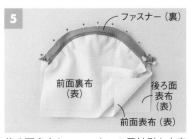

布端から0.2cmの位置を仮どめする。

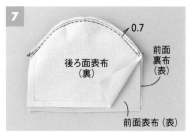

7 0.7
後ろ面表布（裏）
前面裏布（表）
前面表布（表）

6と後ろ面裏布を中表に合わせてでき上がり位置を縫う。

横から見ると

2 脇と底を縫います

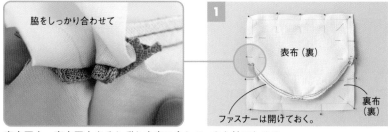

脇をしっかり合わせて

1
表布（裏）
裏布（裏）
ファスナーは開けておく。

表布同士、裏布同士をそれぞれ中表に合わせ、まち針でとめる。

2 1
表布（裏）
裏布（裏）
返し口7

裏布に返し口を残して周囲を縫う。

3 まちを縫います

1
1.5
1.5
表布（裏）
裏布（裏）

まちの印を4カ所つける。

2
表布（裏）
脇
3
1
カット

脇の縫い目と底を合わせてまち針でとめ、まち幅3cmで縫う。縫い代を1cm残して余分をカットする。

3
表布（裏）
裏布（裏）

残りの3カ所も同様にしてまちを縫う。

4
裏布（裏）
表布（表）

返し口から表に返す。

5 0.2
裏布（表）
表布（表）

返し口をとじる。

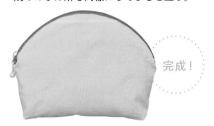

完成！

形を整えてでき上がり。

ファスナーを飛び出してつける

まち付きフルオープンポーチ

ファスナーを飛び出してつけることで、開けたとき口が大きく開きます。
飛び出したファスナーの端には端布をつけて、始末をして。
引き手をニッパーでカットし、好みのパーツをつけてアレンジを楽しんでも。

でき上がりサイズ
右約縦11×横18cm、まち幅約6cm
左約縦12×横21cm、まち幅約6cm
作り方 ⇒ p.24（右） p.27（左）
（Design／鈴木ふくえさん）

両出しタイプ

片出しタイプ

（左）飛び出しファスナーでフルオープンに。中身が見やすく、ものの取り出しもラクラク。

（右）前・後ろ面の側面をつまんでステッチをかけ、しっかりとしたシルエットに仕上げた。

金属ファスナー

まち付きフルオープンポーチ 片出しタイプ (p.23)

材料
表布30cm四方、裏布30cm四方、端布10cm四方、接着芯30cm四方、20cmファスナー1本、丸カン2個、チェーン、飾りパーツ。
※表布の裏全体に接着芯を貼っておく。

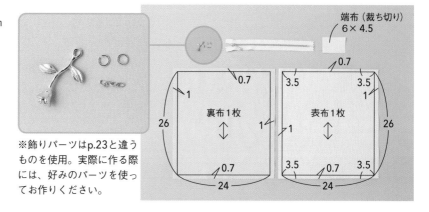

端布（裁ち切り）6×4.5

裏布1枚　0.7　1　26　1　24

表布1枚　3.5　0.7　3.5　1　26　1　3.5　0.7　3.5　24

※飾りパーツはp.23と違うものを使用。実際に作る際には、好みのパーツを使ってお作りください。

1 ファスナーに飾りパーツと端布をつけます

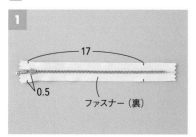

1 ファスナーに印をつける。

17　0.5　ファスナー（裏）

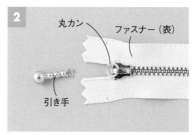

2 ファスナーの引き手をニッパーでカットする。写真のように、丸カンは残しておく。

丸カン　ファスナー（表）　引き手

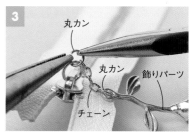

3 飾りパーツとチェーンを丸カンでつなぐ。2で残しておいた丸カンに、チェーンを丸カンでつなぐ。

丸カン　丸カン　飾りパーツ　チェーン

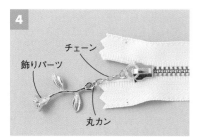

4 ファスナー飾りパーツがついたところ。

チェーン　飾りパーツ　丸カン

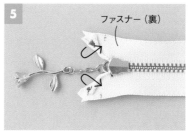

5 ファスナーの上耳を三角に折って縫いとめる。

ファスナー（裏）

6

1　2　1　端布（裏）　わ

端布を作る。長編を中表に二つ折りにし、端を1cm裏に折り返す。両脇を縫い、写真のように縫い代を三角にカットする。

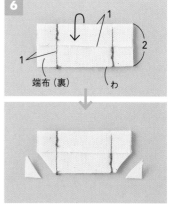

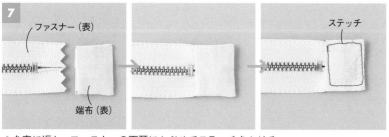

7 6を表に返し、ファスナーの下耳にかぶせてステッチをかける。

ファスナー（表）　端布（表）　ステッチ

2 ファスナーをつけます

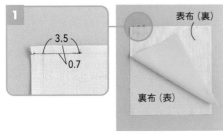

表布と裏布を中表に合わせてまち針でとめ、片側を3.5cm縫う。

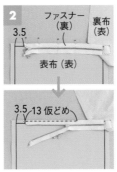

1を開き、表布とファスナーを中表に合わせてまち針でとめ、仮どめする。

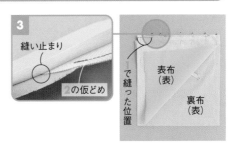

表布と裏布を再度中表に合わせてまち針でとめる。ファスナーは仮どめ位置から1で縫った脇の縫い止まりに斜めに差し込む。

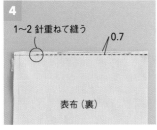

1の縫い目に1〜2針重ね、でき上がり位置を縫う。

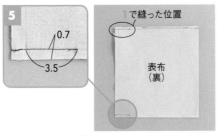

ファスナーの反対側をつける。表布と裏布を中表に合わせ、写真の位置を縫う。このとき、1で縫った位置と同じ片側を縫うこと。

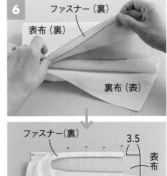

ファスナーの反対側を、表布の下側と中表に合わせてまち針でとめる。

ファスナーを仮どめする。

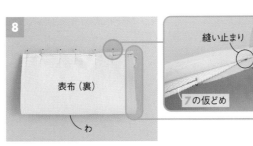

表布と裏布を再度中表に合わせてまち針でとめる。ファスナーは仮どめ位置から5で縫った縫い止まりに斜めに差し込む。

横から見ると

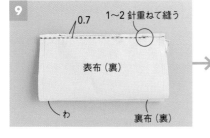

横から見ると

5の縫い目に1〜2針重ねて縫う。

25

3 脇と底を縫います

1

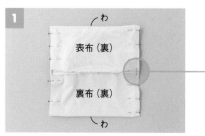

表布・裏布同士を中表に合わせて両脇を
まち針でとめる。このとき、ファスナー
は開けておく。

Advice

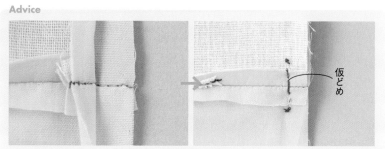

ずれが心配な場合は、脇をぴったり合わせて仮どめしましょう。

4 まちを縫います

2

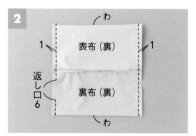

裏布の片側に返し口を残して両脇を縫う。

1

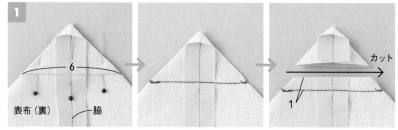

脇の縫い目と底を合わせてまち針でとめ、まち幅6cmで縫う。縫い代を
1cm残して余分をカットする。

2

残り3カ所も同様にしてまちを縫う。

3

返し口から表に返し、口まわりの形を整
える。脇は縫い代が重なるので、厚みを
つぶすようにしっかり押さえると、あと
のステッチがかけやすい。

4

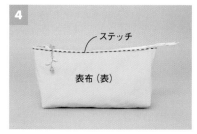

口まわりにステッチをかける。

5

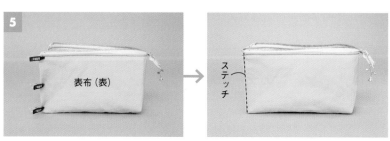

脇をつまみ、口側から底に向かってステッチをかける。
4辺全て同様にステッチをかける。

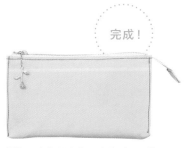

完成！

返し口をとじたらでき上がり。脇
4辺をつまんで縫うことで、形が
しっかりキープされる。

How to make
まち付きフルオープンポーチ 両出しタイプ (p.23)

材料
表布30×40cm、裏布30×40cm、端布15×10cm、接着芯30×40cm、30cmファスナー1本。
※表布の裏全体に接着芯を貼っておく。

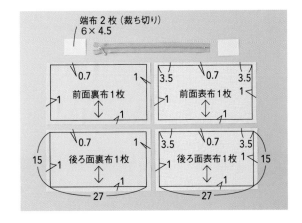

端布2枚（裁ち切り）
6×4.5

0.7 / 1 / 前面裏布1枚 / 1 / 1
3.5 / 0.7 / 3.5 / 前面表布1枚 / 1 / 1

15 / 0.7 / 1 / 後ろ面裏布1枚 / 1 / 1 / 27
3.5 / 0.7 / 3.5 / 後ろ面表布1枚 / 1 / 15 / 1 / 27

1 ファスナーに端布をつけます

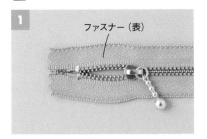

ファスナー（表）

ファスナーの上耳側を縫いとめる。

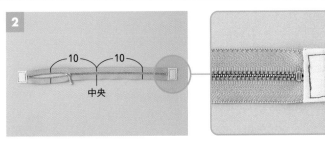

10 / 10
中央

ファスナーに印をつけ、端布をつける（端布のつけ方はp.24 1-6・7参照）。

2 ファスナーをつけます

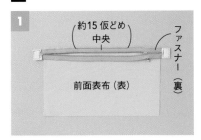

約15 仮どめ
中央
ファスナー（裏）
前面表布（表）

前面表布とファスナーを中表に合わせて仮どめする。

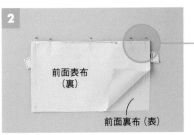

前面表布（裏）
前面裏布（表）
ファスナーはよけておく

前面表布・裏布を中表に合わせてまち針でとめ、両脇を3.5㎝縫う。

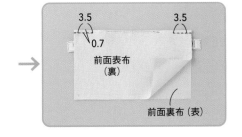

3.5 / 3.5
0.7
前面表布（裏）
前面裏布（表）

前面表布（裏）

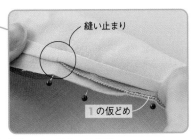

縫い止まり
1 の仮どめ

表布と裏布を再度中表に合わせてまち針でとめる。ファスナーは仮どめ位置から 2 で縫った縫い止まりに斜めに差し込む。

4

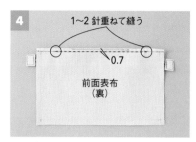

1〜2針重ねて縫う

0.7

前面表布（裏）

2の縫い目に1〜2針重ね、でき上がり位置を縫う。

5

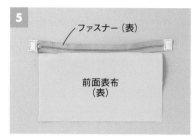

ファスナー（表）

前面表布（表）

表に返す。

6

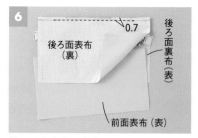

0.7

後ろ面表布（裏）

後ろ面裏布（表）

前面表布（表）

後ろ面も表布・裏布でファスナーの反対側を**1**〜**5**と同様に縫う。

3 脇と底を縫います

1

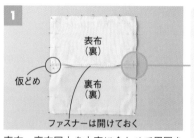

表布（裏）

裏布（裏）

仮どめ

ファスナーは開けておく

表布・裏布同士を中表に合わせて周囲をまち針でとめる。このとき、ファスナーは開けておく。

Advice

仮どめ

ずれが心配な場合は、脇をぴったり合わせて仮どめしましょう。

2

1

表布（裏）

裏布（裏）

返し口6

裏布の片側に返し口を残して周囲を縫う。

4 まちを縫います

1

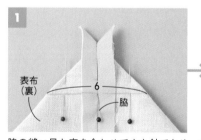

表布（裏）

6

脇

カット

1

脇の縫い目と底を合わせてまち針でとめ、まち幅6cmで縫う。縫い代を1cm残して余分をカットする。

2

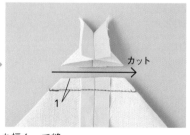

表布（裏）

裏布（裏）

残り3カ所も同様にしてまちを縫う。

3

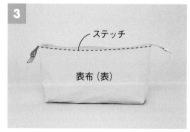

ステッチ

表布（表）

返し口から表に返して口まわりの形を整え、ステッチをかける。

4

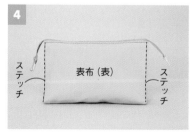

ステッチ

表布（表）

ステッチ

脇をつまみ、口側から底に向かってステッチをかける。4辺全て同様にステッチをかける（p.26 **4**-**5**参照）。

完成！

返し口をとじたらでき上がり。

ファスナーを隠してつける

側面ファスナーのフラットポーチ

側面のファスナーを隠して配置しただけで、ワンランクアップの仕上がりに。
難しそうに見えますが、表布をかぶせてステッチをかけるだけ。
中表に縫って表に返す作り方なので、縫い代始末もいらず簡単に作れちゃいます。

でき上がりサイズ　各約縦14.5×横21cm
作り方 ➡ p.30
（Design／鈴木ふくえさん）

表布がファスナーにかぶさって隠している。このつけ方だと、ファスナー端の始末がいらないのもうれしい。

How to make

側面ファスナーのフラットポーチ (p.29)

コイルファスナー

材料

表布25×35cm、裏布25×35cm、接着芯25×35cm、1.2cm幅テープ10cm、0.3cm径ひも1.3m、20cmファスナー1本。
※表布の裏全体に接着芯を貼っておく。
※ポシェットにしない場合は、テープとひもなしで、その他の材料、寸法は同じで製作する。

下準備

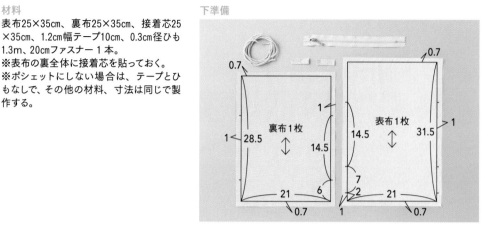

裏布1枚　0.7　1　28.5　14.5　21　0.7

表布1枚　0.7　1　14.5　31.5　7　2　21　0.7　6　1

1　タブとファスナーをつけます

1

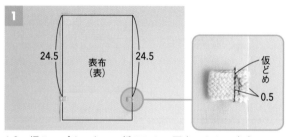

表布（表）　24.5　24.5

仮どめ　0.5

1.2cm幅テープ4cmを二つ折りにし、写真のとおり表布の表2カ所に仮どめする。

2

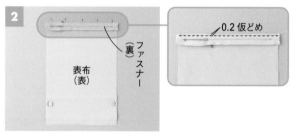

ファスナー（裏）　0.2 仮どめ

表布（表）

表布とファスナーを中表にし、中央の合い印を合わせてまち針でとめる。端から約0.2cmの位置を仮どめする。

3

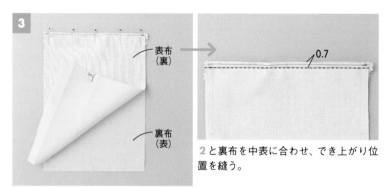

表布（裏）　裏布（表）　0.7

2と裏布を中表に合わせ、でき上がり位置を縫う。

4

表布（表）

表に返して形を整える。ファスナーつけ側はきちんと縫い代を折っておくと次のステッチがかけやすい。

5

ファスナー（表）　ステッチ　表布（表）

折り山のきわにステッチをかける。

6

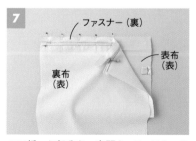

裏布（裏）　表布（裏）　0.7　2

表布の反対側のファスナーつけ位置を折る。

7

ファスナー（裏）　表布（表）　裏布（表）

6で折った部分を一度開き、ファスナーの反対側と中表に合わせてまち針でとめる。

8

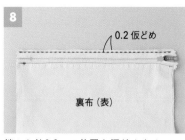

0.2 仮どめ

裏布（表）

端から約0.2cmの位置を仮どめする。

9

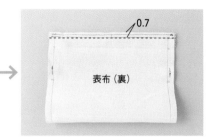

表布（裏）

横から見ると

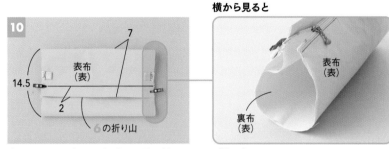

裏布（裏）

表布（表）

8と裏布を中表に合わせてまち針でとめ、でき上がり位置を縫う。

→

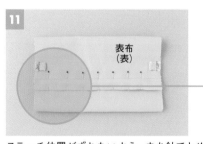

0.7

表布（裏）

10

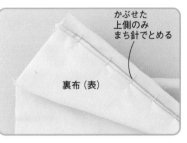

7

表布（表）

14.5

2

6の折り山

横から見ると

表布（表）

裏布（表）

表に返して一度でき上がりに形を整える。6の折り山から2cmの所にステッチの印をつける。

11

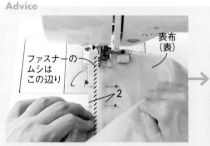

表布（表）

かぶせた上側のみまち針でとめる

裏布（表）

ステッチ位置がずれないよう、まち針でとめる。

12

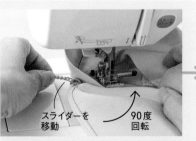

2 ステッチ

裏布（表）

表布（表）

印の位置にステッチをかける。

Advice

表布（表）

ファスナーのムシはこの辺り

2

ファスナーを開き、ファスナーのムシが押さえの左側にくるようにして縫います。

スライダーを移動

90度回転

スライダーの手前で一度止まり、押さえを上げて布を90度回転させ、スライダーを移動させます。

布を元に戻し、最後は布が輪になっているので、手前の布を縫い込まないように押さえながら縫います。

2 | 脇を縫います

横から見ると

1
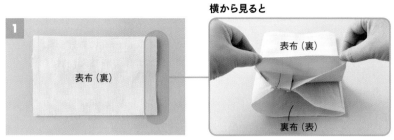

表布・裏布同士を中表に合わせる。このとき、ファスナーは開けておく。

2
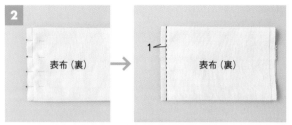

片側の脇をまち針でとめ、表布・裏布を一緒に縫う。

3
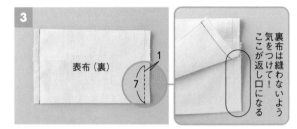

反対側の脇は底側から7cmまで表布のみを縫う。

裏布は縫わないよう気をつけて！ここが返し口になる

横から見ると

4

1～2針重ねて縫う

返し口

3の残りの脇は、表布・裏布を一緒に縫う。

5

表に返し、返し口をとじる。

完成！

タブにひもを通して結べばでき上がり。

ファスナーに端布をつける

端布付きでサイズアップポーチ

ファスナーつけが苦手な人はファスナーの両端に端布をつけるのも手。
脇を縫う際、上止め、下止めの金具から縫い位置が離れるため縫いやすくなります。
両脇に少し布を足すだけで、ポーチの幅も広がり容量アップです。

でき上がりサイズ
約縦13.5×横20㎝、まち幅約3㎝
作り方 ➡ p.34
（Design ／鈴木ふくえさん）

端布に濃い色を使うと
作品全体が引き締まっ
た印象に仕上がる。布
以外にも、テープなど
を使っても。

金属ファスナー 端布付きでサイズアップポーチ (p.33)

材料
表布30×40cm、裏布30×40cm、端布10×
5cm、接着芯30×40cm、20cmファスナー1
本、1.2cm径コットンパール1個、Tピン1本。
※表布の裏全体に接着芯を貼っておく。

下準備

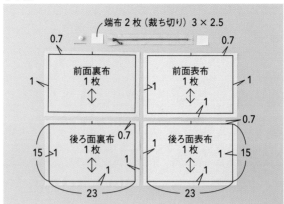

端布2枚（裁ち切り）3×2.5

0.7　　　　　　　　　　　　　0.7

前面裏布 1枚	前面表布 1枚

1　　　　1　　　1　　　1

1

0.7

0.7

後ろ面裏布 1枚	後ろ面表布 1枚

15　1　　　　1　　1　　　　1　15

1　　　　1

23　　　　　23

---

1 ファスナーの引き手を替え、端布をつけます

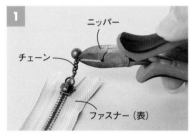

1 ニッパー　チェーン　ファスナー（表）

ファスナーの引き手を、チェーンを残し
てニッパーでカットする。

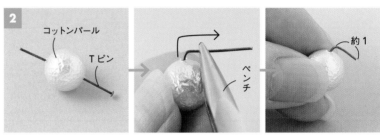

2 コットンパール　Tピン　ペンチ　約1

コットンパールにTピンを通し、ペンチを使ってL字に曲げ
る。約1cm残して余分をニッパーでカットする。

3 チェーン　Tピン

2を1のチェーンに通し、ペンチでくるっと丸めてとめる。

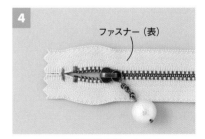

4 ファスナー（表）

ファスナーの上耳側を縫いとめる。

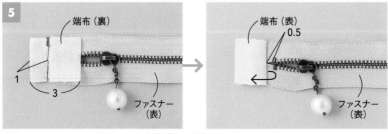

5 端布（裏）　端布（表）　0.5　ファスナー（表）　ファスナー（表）

1　3

端布をファスナーと中表に合わせて縫い、表に返す。

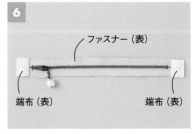

6 ファスナー（表）　端布（表）　端布（表）

下耳側も4・5と同様に縫う。

2 ファスナーをつけます

1

前面表布とファスナーを中表に合わせて
まち針でとめる。

2

布端から0.2cmの位置を仮どめする。

3

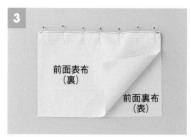

2と前面裏布を中表に合わせてまち針で
とめる。

4

でき上がり位置を縫い、表に返す。

5

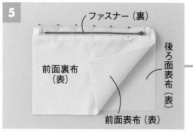

ファスナーの反対側と後ろ面表布を中表に合わせてまち針
でとめ、布端から0.2cmの位置を仮どめする。

6

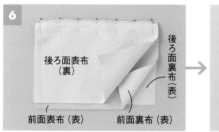

5と後ろ面裏布を中表に合わせてまち針でとめ、でき上が
り位置を縫う。

7

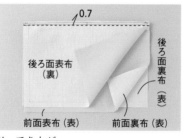

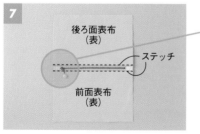

表布のファスナーつけ側の折り山にステッチをかける。こ
のとき、裏布はよけて表布のみにステッチをかける。

3 脇と底を縫います

1

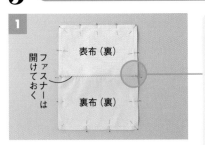

表布・裏布同士を中表に合わせて周囲を
まち針でとめる。このとき、ファスナー
は開けておく。

Advice

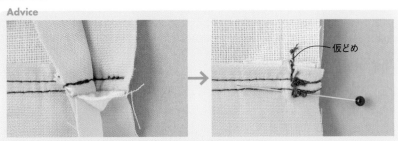

ずれが心配な場合は、脇をぴったり合わせて仮どめしましょう。

2

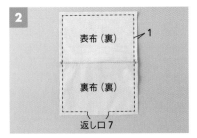

裏布に返し口を残して周囲を縫う。

3

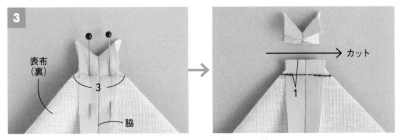

脇と底の縫い目を合わせてまち針でとめ、まち幅3cmで縫
う。縫い代を1cm残して余分をカットする。

4

残り3ヵ所も同様にしてまちを縫う。

完成！

返し口から表に返して形を整えたらでき
上がり。

色の組み合わせが自由自在！

フリースタイルファスナーの めがねケース

ファスナーとスライダーが別になっているフリースタイルファスナー。
ぱかっと開くポーチもテープをのせて縫うだけなのでムリなく作れます。
自分で長さの調節ができ、色数も豊富なので、アレンジ無限大です！

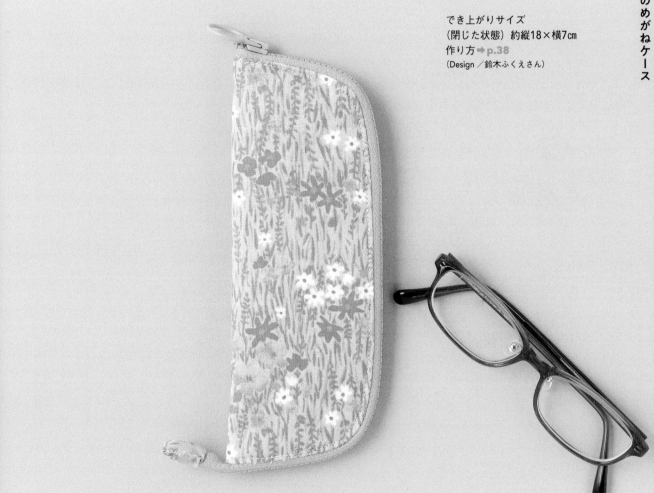

でき上がりサイズ
（閉じた状態）約縦18×横7cm
作り方➡p.38
（Design／鈴木ふくえさん）

（左）キルト芯を挟んでふかふかに。ピンクのテープ×グレーのスライダーがおしゃれ。

（右）テープを縫いとめてからスライダーを通す。最後にテープの長さをそろえてカット。

フリースタイルファスナーのめがねケース (p.37)

フリースタイルファスナー

材料
表布・端布25cm四方、裏布20×25cm、片面接着キルト芯20×25cm、フリースタイルファスナー1.2m、スライダー1個。
※表布の裏全体に片面接着キルト芯を貼っておく。

実物大型紙はA面

下準備

端布1枚
（裁ち切り）
4.5×6

0.7　裏布1枚　表布1枚　0.7

1 ファスナーをつけます

1

表布（表）

5

1

ファスナー

表布の表にファスナーを重ね、まち針でとめる。写真のとおりに下中央は1cmあけ、ファスナーを折り返す。

Advice

カーブ部分はファスナーのみに切り込みを入れる。表布のカーブに沿わせやすくなります。切り込みは0.2cmくらいの浅めでOK。

2

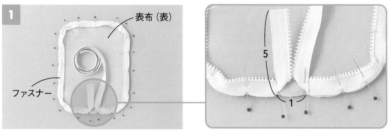

表布（表）

0.2
仮どめ

ファスナー

0.2仮どめ

布端から0.2cmの位置を仮どめする。

3

裏布（裏）

2と裏布を中表に合わせてまち針でとめる。

4

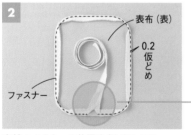

裏布（裏）

0.7

返し口8

切り込み

返し口を残してでき上がり位置を縫う。カーブに切り込みを入れる。

5

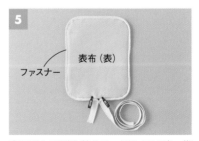

表布（表）

ファスナー

表に返して形を整える。返し口は縫い代を折り込んでクリップでとめる。

2 まとめます

1

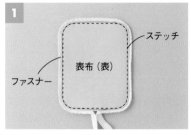

ファスナーつけ側の表布の折り山にステッチをかける。

2

余分なファスナーをカットする。

3

ファスナーにスライダーをつける。

Advice

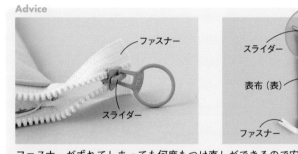

ファスナーがずれてしまっても何度もつけ直しができるので安心。少し長さに余裕をもたせておき、端が合わない場合はカットしてそろえてもOK。

4

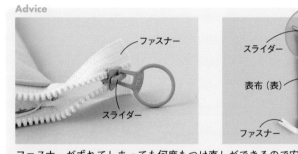

ファスナーに端布をつける。端布の長辺の片側を1cm折る。

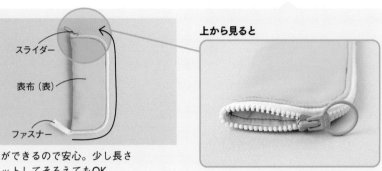

ファスナーを三つ折りにする。

端布の1cm折ったほうをファスナーに重ね、写真のように三つ折りにする。

端布を折り込み、布端を隠す。

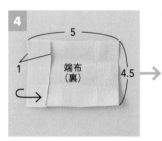

まち針でとめる。

周囲をまつる。

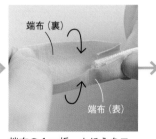

完成！

形を整えたらでき上がり。返し口は周囲のステッチをかける際にとじているのでそのままで大丈夫。

くりぬいてつけるのも意外と簡単！
ファスナーポケット付き
トートバッグ

トートバッグの側面に、ファスナー付きのポケットを ON。
くりぬいた部分にファスナーをのせて縫えばいいだけなので、
初心者さんでもワンランクアップの作品製作に挑戦しやすいデザインです。

でき上がりサイズ
約縦38×横33㎝
作り方➡p.41
（Design／鈴木ふくえさん）

ファスナーがついていると、貴重品を入れるのにも安心。裏布は黄色と相性のいい、グレーをセレクト。

How to make

ファスナーポケット付きトートバッグ

金属ファスナー

材料
表布・持ち手90×65cm、裏布75×45cm、ポケット30×35cm、接着芯90×65cm、20cmファスナー１本。
※表布の裏全体に接着芯を貼っておく。

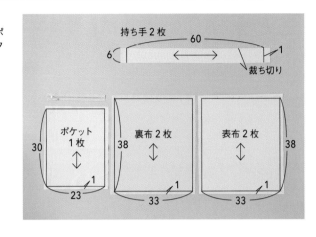

1 持ち手を作ります

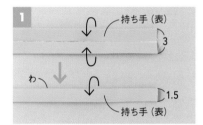

持ち手を外表に四つ折りにする。

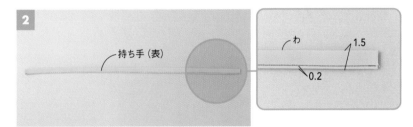

縫う。２本作る。

2 ファスナーポケットを作ります

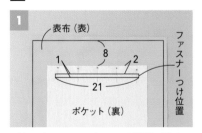

ポケットにファスナーつけ位置の印をつける。表布とポケットを中表に合わせてまち針でとめる。

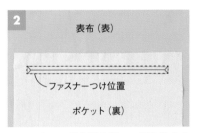

ファスナーつけ位置を縫い、切り込みの印をつける。

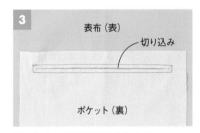

印のとおりに切り込みを入れる。

Advice

まず最初に半分に折ってポケット、表布一緒に切り込みを入れます。

両端はY字にカットします。

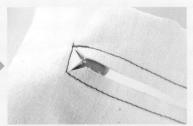

こんな感じで切り込みを入れます。

4

ポケット（表）

表布（表）

ポケット（裏）

表布（裏）

ポケット（表）

表布（裏）

ポケット（表）

切り込み部分にポケットを入れて表に返す。

5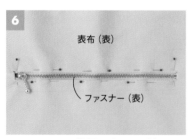

表布（表）

表布（裏）

ポケット（表）

ポケットを表に返したところ。

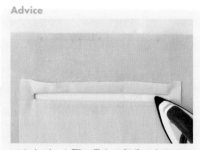

Advice

でき上がった際に見える部分でもあるので、アイロンでしっかり形を整えます。

6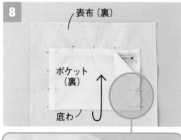

表布（表）

ファスナー（表）

ファスナーつけ位置にポケット側からファスナーを重ね、まち針でとめる。

7

表布（表）

0.2

ファスナー（表）

ファスナーつけ位置から0.2cmの位置を縫う。

8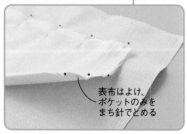

表布（裏）

ポケット（裏）

底わ

表布はよけ、ポケットのみをまち針でとめる

ポケットを二つ折りにし、ポケットのみをまち針でとめる。

9

表布（裏）

1

ポケット（裏）

底わ

表布を縫わないよう注意して

表布をよけ、ポケットのみを縫う。

3 まとめます

1

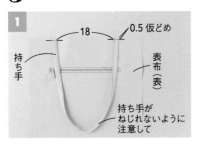

18　0.5 仮どめ

持ち手

表布（表）

持ち手がねじれないように注意して

表布に持ち手を仮どめする。持ち手はわ側を外側にする。

2

表布（裏）

裏布（表）

1と裏布を中表に合わせ、口側をまち針でとめる。

3

1

でき上がり位置を縫う。2枚作る（もう1枚はポケットなし）。

4

口側の縫い代を割る。ここでしっかり縫い代を割っておくと仕上がりがきれい。

5

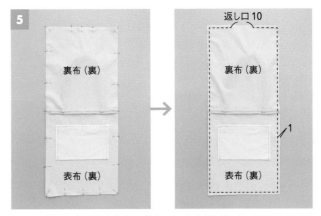

裏布（裏）

表布（裏）

返し口 10

裏布（裏）

表布（裏）

1

表布同士、裏布同士を中表に合わせてまち針でとめ、裏布に返し口を残して周囲を縫う。

6

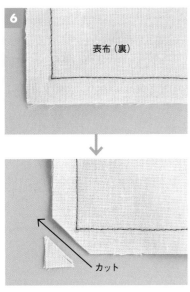

表布（裏）

カット

角の縫い代を三角にカットする。残り3カ所も同様にカットする。

完成！

ステッチ

表に返して形を整え、口側にステッチをかけたらでき上がり。

縦型ファスナーポケットの
トートバッグ

こちらはファスナーポケットを縦に配置。p.40の横タイプと基本的な作り方は同じです。
グレーチェックの本体に、ファスナーの赤をさし色でワンポイントに。
肩からかけられるよう、持ち手は少し長めです。

でき上がりサイズ
約縦38×横33cm
作り方 ➡ **p.46**
（Design／鈴木ふくえさん）

縦型ポケットは、中身をさっと取り
出せて便利。15cmファスナーで、
スマホやカードの収納にぴったり。

くりぬいてつける アレンジ②

窓ファスナー付き トートバッグ

バッグ本体の脇にファスナーをつけたこちらのトート。
通勤通学のサブバッグにもちょうどいいサイズです。
満員電車の中などで、バッグの底のものを取り出したいときにとっても便利！

でき上がりサイズ
約縦38×横33cm
作り方 ➡ p.48
（Design ／鈴木ふくえさん）

ファスナーを開けると、バッグの底
の荷物をスマートに取り出せる。
18cmファスナーを使用。

How to make

金属ファスナー
縦型ファスナーポケットのトートバッグ (p.44)

材料
表布・持ち手90×65cm、裏布75×45cm、ポケット30×25cm、接着芯90×65cm、15cmファスナー1本。
※表布の裏全体に接着芯を貼っておく。
※持ち手はp.41「1 持ち手を作ります」を参照して作る。

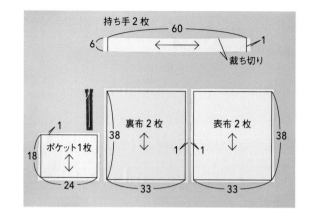

持ち手2枚
6 — 60 — 1
裁ち切り

ポケット1枚
18 — 24 — 1

裏布2枚
38 — 33 — 1

表布2枚
38 — 33 — 1

1 ファスナーポケットを作ります

1

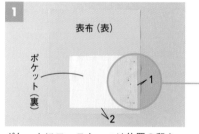

表布（表）
ポケット（裏）
1
2

2 1
2
16
ファスナーつけ位置

ポケットにファスナーつけ位置の印をつける。表布とポケットを中表に合わせてまち針でとめる。

2

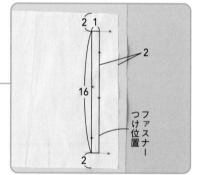

ポケット（裏）
表布（表）

ファスナーつけ位置を縫い、切り込みの印をつける。

3

ポケット（裏）

縫い目を切らないように注意して

表布（表）
ポケット（裏）
切り込み

印のとおりに切り込みを入れる。最初に半分に折ってポケット、表布一緒に切り込みを入れる。両端はY字にカットする。

4

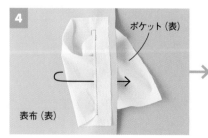

ポケット（表）
表布（表）

ポケット（裏）
表布（裏）

表布（裏）
ポケット（表）

切り込み部分にポケットを入れて表に返す。ファスナーつけ位置はアイロンでしっかり形を整える。

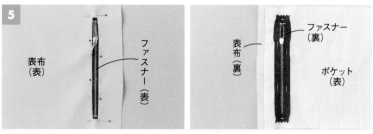

ファスナーつけ位置にポケット側からファスナーを重ね、
まち針でとめる。

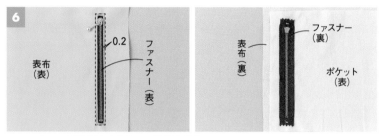

ファスナーつけ位置から0.2cmの位置を縫う。

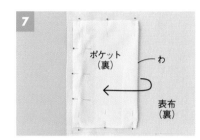

ポケットを二つ折りにし、ポケットのみ
をまち針でとめる。

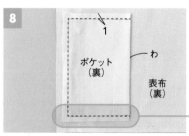

表から見てみると

表布をよけ、ポケットのみを縫う。

2 まとめます

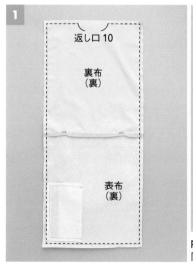

p.43「**3** まとめます」を参照して
同様に作る。

表に返して形を整え、口側にステ
ッチをかけたらでき上がり。

金属ファスナー

窓ファスナー付きトートバッグ (p.45)

材料
表布・持ち手85×65cm、裏布70×45cm、
接着芯85×65cm、18cmファスナー1本。
※表布の裏全体に接着芯を貼っておく。
※持ち手はp.41「1 持ち手を作ります」を
参照して作る。

持ち手2枚
60
6
1
裁ち切り
1

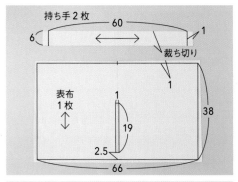

表布
1枚
1
19
2.5
38
66

下準備

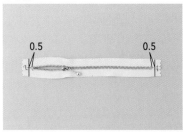

0.5   0.5

ファスナーの上下の耳を縫いとめ、上止
め、下止めからそれぞれ0.5cmの位置に
印をつける。

裏布
1枚
1
19
2.5
38
66

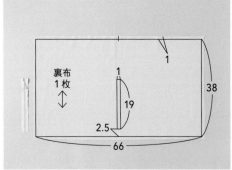

1 窓ファスナーをつけます

1

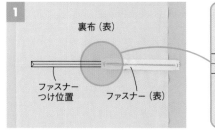

裏布（表）
ファスナー
つけ位置
ファスナー（表）
ファスナー（表）
1
0.5
中央を合わせる

裏布の表にファスナーつけ位置と切り込みの印をつける。ファスナー
つけ位置の短辺にファスナーの上止め側を写真のように縫いとめる。

2

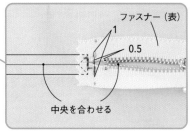

裏布（表）
1
ファスナー（表）

ファスナーの下止め側をもう一方の短辺
に合わせ、同様に縫う。

3

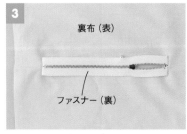

裏布（表）
ファスナー（裏）

ファスナーの上下を縫ったところ。

4

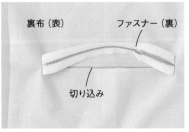

裏布（表）   ファスナー（裏）
切り込み

印のとおりに切り込みを入れる。最初に半分に折って切り込みを入れ、
両端はY字にカットする（切り込みの入れ方はp.46 3 参照）。

5

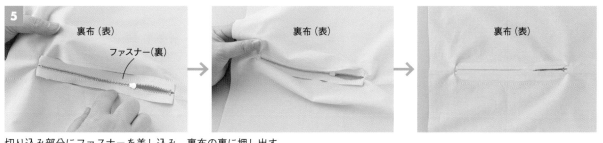

裏布（表）　ファスナー（裏）　→　裏布（表）　→　裏布（表）

切り込み部分にファスナーを差し込み、裏布の裏に押し出す。

6

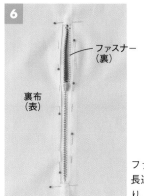

ファスナー（裏）

裏布（表）

ファスナーつけ位置の長辺の縫い代を裏に折り、まち針でとめる。

7

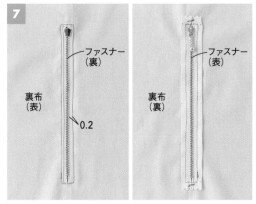

ファスナー（裏）　　ファスナー（表）

裏布（表）　0.2　　裏布（裏）

ファスナーつけ位置から0.2cmの位置を縫う。

8

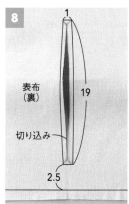

1

表布（裏）　19

切り込み

2.5

表布の裏にファスナーつけ位置と切り込みの印をつけ、印のとおりに切り込みを入れる。

9

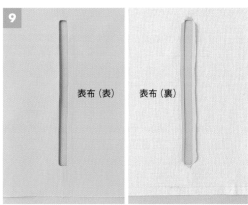

表布（表）　　表布（裏）

縫い代を折り、アイロンで形を整える。

10

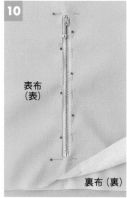

表布（表）

裏布（裏）

表布と裏布を外表に合わせ、ファスナーつけ位置をまち針でとめる。

11

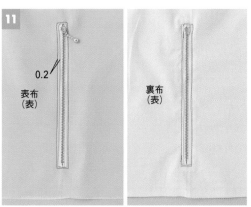

0.2

表布（表）　　裏布（表）

ファスナーつけ位置から0.2cmの位置を縫う。

2 まとめます

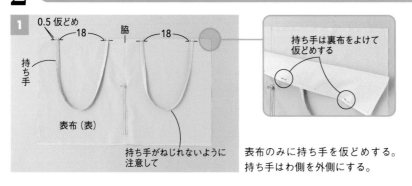

1
0.5 仮どめ
18 脇 18
持ち手
表布（表）
持ち手がねじれないように注意して

持ち手は裏布をよけて仮どめする

表布のみに持ち手を仮どめする。持ち手はわ側を外側にする。

2

裏布（裏） 表布（裏）

表布同士、裏布同士を中表に合わせてまち針でとめる。

3

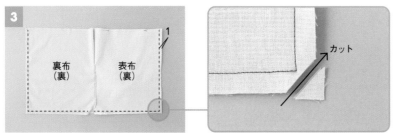

裏布（裏） 表布（裏）
1
カット

口側を残し、表布、裏布それぞれ脇と底を縫う。角の縫い代を三角にカットする。裏布も同様にカットする。

4

裏布（裏） 表布（裏）
1 折る

表布、裏布それぞれの口側の縫い代を1cm折る。

5

表布（表）

表布、裏布を表に返し、口側を合わせてまち針でとめる。

ステッチ

完成！

口側にステッチをかけたらでき上がり。

column ❸ まっすぐ縫う

一定の幅でまっすぐ縫えれば、縫い代をつけてきちんと布を裁断するだけで縫製が可能。ミシンの押さえの幅を目安にするほか、マスキングテープや便利な道具を使う方法もあります。

マスキングテープを使う

1

マスキングテープを5㎝ほどの長さに切ったものを3〜5枚用意し、重ねて貼り合わせて厚みを作る。

2

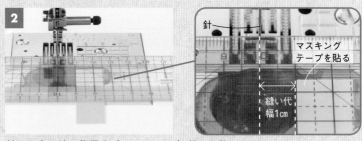

針 マスキングテープを貼る 縫い代幅1㎝

針から右に縫い代幅分（ここでは1㎝）離した位置にマスキングテープをまっすぐ貼る。方眼定規があると便利。

3

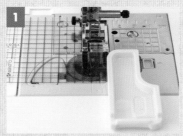

布端をマスキングテープに沿わせて針を下ろし、縫う。テープに厚みがあるので、布端を沿わせやすい。

「ぬいしろガイド」を使う

1

付属の「位置決めプレート」の穴（必要な縫い代幅を示している）に針を下ろす。プレートをまっすぐに置き、プレート端に「ぬいしろガイド」の長辺をそろえて接着する。

2

位置決めプレートをはずし、布端を「ぬいしろガイド」に沿わせながら縫う。「ぬいしろガイド」は粘着式になっていて、何度でもはがしたり貼り直したりできるので便利。

column ❹ 一定幅で布を折る

バッグの口やパンツやスカートの裾など、一定の幅できれいに縫い代を折るには、アイロン定規がおすすめ。アイロンの蒸気を通すので、きれいに折り目がつきます。

アイロン定規

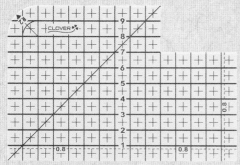

手早く縫い代を折り返せる便利品。滑りにくいため、安定して布を扱える。直線だけでなく、ポケットなどの丸みにも対応しているのがうれしい。

折りたい幅のラインに布端を合わせて布を折り、アイロンで折り目をつける。チャコペンなどで印をつけなくても一定の幅で折れます。p.50 4 の最後にバッグの口を折ったり、p.30 6 の途中で折ったり、三つ折りの際にも役立つ。

まちにファスナーをつける
楕円の別まちポーチ

ファスナー付きのまちがついた別まちポーチ。
上まちと下まちで構成されたまちは、ファスナー端の処理がいらないのがうれしい。
側面とまちは合い印を合わせ、カーブのある側面を下、直線のまちを上にして縫います。

でき上がりサイズ
約縦11.5×横15cm、まち幅約7cm
作り方 ➡ p.53
（Design／鈴木ふくえさん）

幅広7cmのまちで収納力
もたっぷり。脇にタブを
つけると、ファスナーの
開閉に便利。

金属ファスナー

How to make

楕円の別まちポーチ

材料
側面表布20×30㎝、まち表布20×30㎝、
裏布40×30㎝、接着心40×30㎝、
20㎝ファスナー1本、2.5㎝幅リボン15㎝、
2㎝幅両折りバイアステープ1m。
※表布の裏全体に接着芯を貼っておく。

実物大型紙はA面

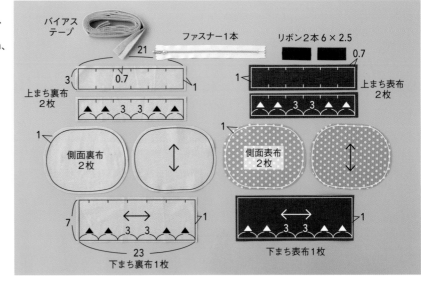

1 ファスナーをつけたまちを作ります

1

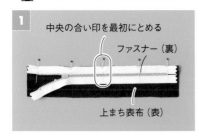

中央の合い印を最初にとめる
ファスナー（裏）
上まち表布（表）

上まち表布とファスナーを中表に合わせ
てまち針でとめる。

2

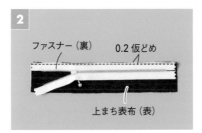

ファスナー（裏）　0.2 仮どめ
上まち表布（表）

布端から0.2㎝の位置を仮どめする。

3

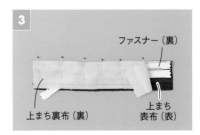

ファスナー（裏）
上まち裏布（裏）
上まち表布（表）

上まち裏布を中表に重ねてまち針でとめる。

4

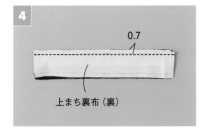

0.7
上まち裏布（裏）

でき上がり位置を縫う。

5

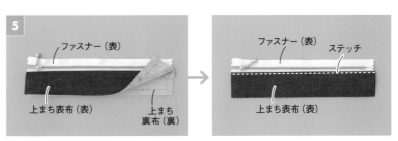

ファスナー（表）
上まち表布（表）
上まち裏布（裏）

ファスナー（表）　ステッチ
上まち表布（表）

表に返して折り山に爪アイロンをかけ、ステッチをかける。

6

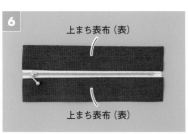

上まち表布（表）
上まち表布（表）

反対側も1～5と同様に上まちを縫う。

7

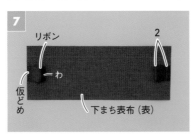

リボン　　　　　2
わ
仮どめ　　下まち表布（表）

下まちに二つ折りにしたリボン（各6㎝）
を仮どめする。

8

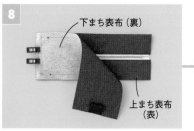

6と7を中表に合わせて仮どめする。

9

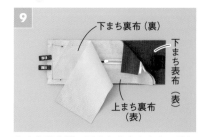

上まち裏布側に下まち裏布を中表に重ねてとめる。

10

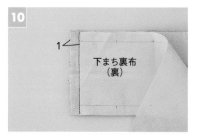

でき上がり位置を縫う。

11

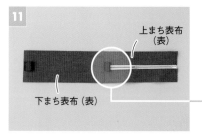

下まちを表に返し、縫い代にステッチをかける。

12

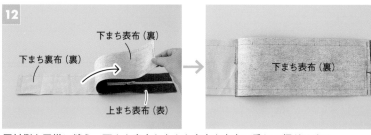

反対側も同様に縫う。下まち表布と上まち表布を中表に重ねて仮どめする。

13

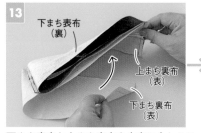

下まち裏布と上まち裏布を中表に合わせる。

14

でき上がり位置を縫う。

15

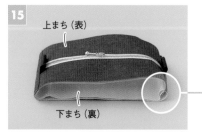

表に返して縫い代にステッチをかける。

2 まとめます

1

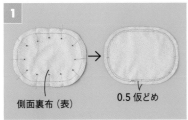

側面裏布（表） → 0.5 仮どめ

側面表布と裏布を外表に重ね、縫い代部分を仮どめする。

2

側面（裏）

まち（裏）

側面とまちを中表に合わせて、合い印をまち針でとめる。

3

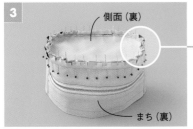

側面（裏）

まち（裏）

Advice
まちのみに切り込み

まち（裏）

合い印の間も細かくまち針を打つ。まちのみに切り込みを入れながらまち針を打つとカーブに沿ってとめやすい。

4

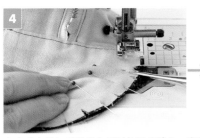

まち（裏）

1

側面（表）

まち（表）

側面（表）

まちを上にしてでき上がり位置を縫う。表に返して形を整える。

5

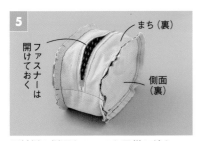

まち（裏）

ファスナーは開けておく

側面（裏）

反対側の側面も **1〜4** と同様に縫う。

6

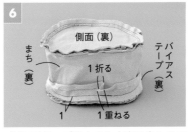

側面（裏）

まち（裏）

バイアステープ（裏）

1折る

1

1重ねる

バイアステープをまちと中表に合わせて縫う。バイアステープの折り目とまちの縫い目を合わせる。

7

バイアステープ（裏）

バイアステープで縫い代をくるんで縫いとめる。

8

側面（裏）

まち（裏）

反対側も同様にバイアステープでくるんで縫い代を始末する。

完成！

Advice
パイピング仕立てにすると形がしっかりとします

ファスナー口から表に返して形を整える。

column ⑤ 角をきれいに出す

ファスナーをきれいにつけられたら、作品全体もきれいに仕上げたいもの。角がピシッと決まると、作品全体が美しく端正になります。縫い方や縫い代のカット、表に返す際のコツなど、作品製作にお役立てください。

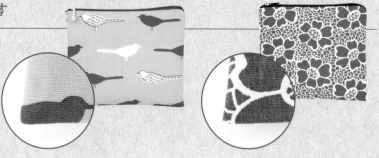

縫い方編

L字に縫うとき

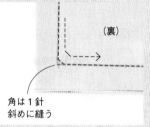

（裏）

角は1針斜めに縫う

脇から底を続けて縫うときは、角の1針手前で一度止まり、斜めに縫う。角まで縫わず、少し余裕をもたせると、表に返したとき角がきれいに出る。

底が「わ」のとき

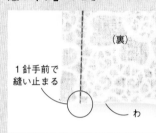

（裏）

1針手前で縫い止まる

わ

脇だけを縫うときは、「わ」の1針手前で止まり、返し縫いをして終了する。こちらも端まで縫わず、少し余裕をもたせると、目打ちで角を出す手間が省ける。

カット編

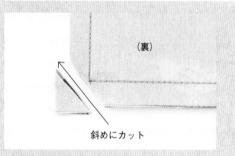

（裏）

斜めにカット

L字に縫っているときは角を斜めにカットする。

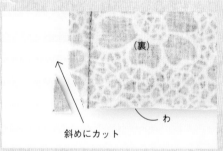

（裏）

斜めにカット

わ

脇だけ縫っているときは、脇の縫い代を斜めにカットする。

目打ちがお役立ち

返し方編

（裏）

返し口から手を入れ、角の縫い代を折って指で押さえる。

親指でぐいっと押し出す

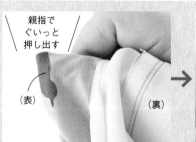

（表）

（裏）

縫い代を押さえたまま表にくるっと返す。

夢中になりすぎて糸を切らないように注意です！

目打ち

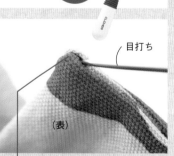

（表）

仕上げに目打ちを使って角を出す。

裏袋を最後にまつる

リンゴのポーチ

真っ赤なリンゴの形がかわいいポーチは、サイドにファスナーをつけて。
表袋と裏袋をそれぞれ別に作り、最後に裏袋を手まつりで仕上げました。
一枚布で作るのはもちろん、はぎ合わせを入れてアレンジも楽しめます。

でき上がりサイズ
約縦11.5×横13.5cm
作り方 ➡ p.58
（Design ／鈴木ふくえさん）

バッグの中でかさばらな
い小ぶりなサイズ。キャ
ンディや絆創膏などを入
れて持ち歩いて。

How to make

コイルファスナー

リンゴのポーチ (p.57)

材料
表布35×15cm、裏布35×15cm、接着芯
35×15cm、14cmファスナー1本、
1cm幅リボン10cm。
※表布の裏全体に接着芯を貼っておく。
※ファスナーの両端は三角に折って縫い
とめておく。

実物大型紙はA面

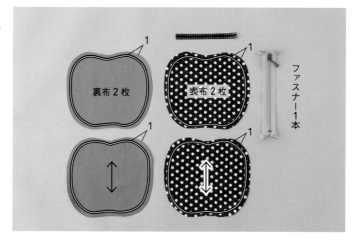

裏布2枚

表布2枚

ファスナー1本

1 表袋を作ります

1

リボン

わ

表布（表）

表布1枚にリボン（10cm）を仮どめする。

2

表布（表）

ファスナー（裏）

表布にファスナーを中表に重ねてまち針
でとめる。中央の合い印を最初にとめる。

3

ファスナー（裏）

でき上がり位置を縫う。この場合は、ファスナーにつけた点をガイドに縫う。

4

表布（裏）

ファスナー（裏）

反対側も同様に表布とファスナーを中表
に合わせてまち針でとめる。

5

表布（裏）

ファスナー（裏）

でき上がり位置を縫う。

6

表布（表）

ファスナー（表）

表に返して布がつれていたり、かんでい
ないか確認する。

7

表布（裏）

表布同士を中表に合わせてまち針でとめ
る。

8

でき上がり位置を縫う。

9

カーブに切り込みを入れる。

2 裏袋を作ります

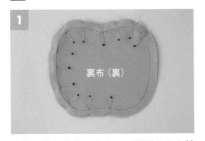

1

裏布2枚を中表に合わせて周囲をまち針でとめる。

2

ファスナーあきを残してでき上がり位置を縫う。

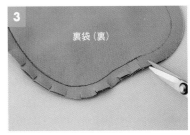

3

カーブに切り込みを入れる。

3 まとめます

1

表袋と裏袋を外表に合わせてまち針でとめる。

2

裏袋をファスナーにまつりつける。

完成！

ファスナー口から表に返して形を整える。

型紙を分割してアレンジしても！

表布を縫い合わせておけば、作り方はどれも同じです。パーツごとに接着芯を貼ってもかまいませんが、縫い代の重なりが多い場合は、表布を縫い合わせてから接着芯を貼るといいでしょう。

Advice

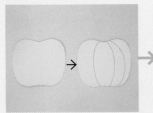

リンゴの型紙の縫い合わせを入れたい部分に線を描く。

各パーツのライン上に合い印を入れておきます。表や上下がわかるように型紙に印を入れておくのがおすすめです（ここでは数字を入れた）。

線に沿ってカットします。

4つのパーツが完成。この型紙に縫い代1cmつけて布を裁ちます。

ファスナーポケット付き

ポケット2つのフラップポーチ

フラップ付きのポーチは内側に2つのポケット付き。
フラップの形は四角よりもカーブやスカラップがおすすめ。
角よりも表に返す際、形をきれいに出しやすいです。

でき上がりサイズ
（右）約縦10×横17cm、（左）約縦12×横17cm
作り方 ➡ p.61
（Design／長谷川久美子さん）

ファスナーポケットの後ろにもう1つ
ポケットがついている。

スカラップのフラップは布端の型紙が
カーブと違うだけ。ポーチのサイズを
横長にすれば、マスクケースとしても
使える。

フラットニット®
ファスナー

How to make

ポケット2つのフラップポーチ（左）

材料
表布a15×25cm、表布b10×25cm、表布c10×25cm、表布d25cm四方、表布e45×20cm、
裏布45×20cm、20cmフラットニット®ファスナー1本、1.3cm径ドットボタン1組、タグ。

実物大型紙はA面

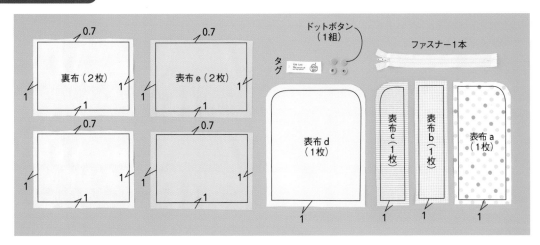

裏布（2枚）　0.7　1　1
表布e（2枚）　0.7　1
0.7　1　1
0.7　1

ドットボタン（1組）

タグ　Cafe Latte ...

ファスナー1本

表布d（1枚）　1

表布c（1枚）　1

表布b（1枚）　1

表布a（1枚）　1

1 表布を作ります

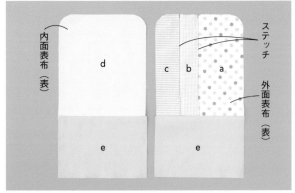

内面表布（表）　d
ステッチ
c b a
外面表布（表）
e　e

a～c・eとd・eをそれぞれ中表にはぎ合わせてステッチを
かける。

スカラップの場合は

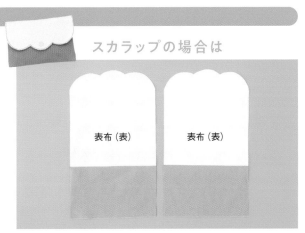

表布（表）　表布（表）

2枚をはぎ合わせる。

2 ファスナーをつけます

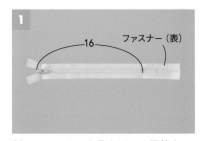

1

16　ファスナー（表）

20cmファスナーを長さ16cmに調整する。
上止めから16cmの所を縫う。16cmファ
スナーを使う場合は**3**からスタート。

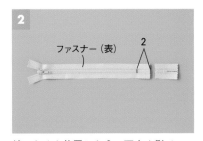

2

ファスナー（表）　2

縫いとめた位置から2cm下止め側でファ
スナーの余分をカットする。

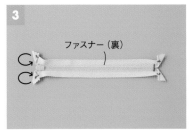

3

ファスナー（裏）

ファスナーの端を三角に折って縫いとめ
る。

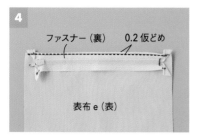

4

ファスナー（裏）　0.2 仮どめ

表布 e（表）

表布 e とファスナーを中表に合わせ、布端から0.2cmの位置を仮どめする。

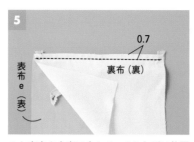

5

0.7

表布 e（表）　裏布（裏）

4 と裏布を中表に合わせ、でき上がり位置を縫う。

6

表布 e（表）

表に返して形を整える。ファスナーつけ側はきちんと縫い代を折っておく。

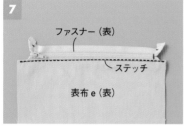

7

ファスナー（表）

ステッチ

表布 e（表）

折り山のきわにステッチをかける。

8

表布（表）

ステッチ　ファスナー（表）

表布（表）

ファスナーの反対側も **4**〜**7** と同様に縫う。裏布は短いのでこんな重なり方になっている。

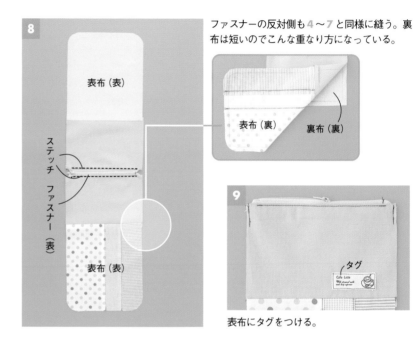

表布（裏）　裏布（裏）

9

タグ

Cafe Latte
Wild stewed milk
and deep espresso

表布にタグをつける。

3　まとめます

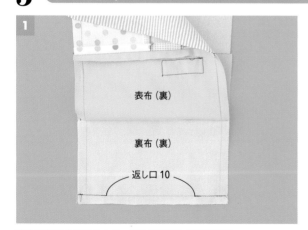

1

表布（裏）

裏布（裏）

返し口 10

裏布2枚を中表に合わせ、返し口を残して底を縫う。

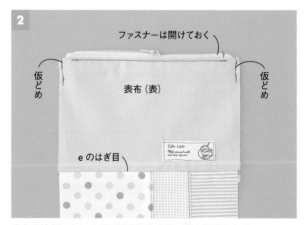

2

ファスナーは開けておく

仮どめ

表布（表）

仮どめ

e のはぎ目

Cafe Latte
Wild stewed milk
and deep espresso

表布を外表に合わせて口側の両脇の縫い代を仮どめする。

3

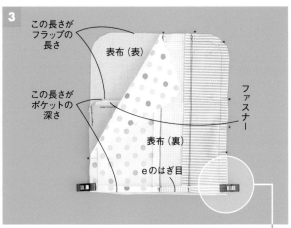

この長さがフラップの長さ

表布（表）

この長さがポケットの深さ

ファスナー

表布（裏）

eのはぎ目

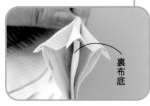

裏布底

表布をeのはぎ目で折り、中表に合わせる。折った表布と裏布底の縫い代は割っておく。

4

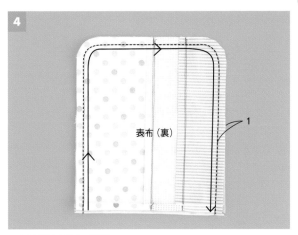

表布（裏）

1

eのはぎ目を残して縫う。

5

裏布底

→

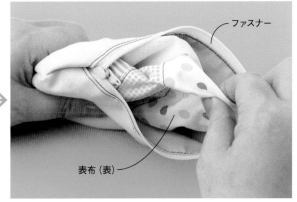

ファスナー

表布（表）

返し口から表に返す。底の返し口から表に返し、さらにファスナーから表に返す。2回表に返す感覚で。

6

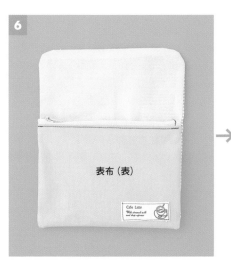

表布（表）

→

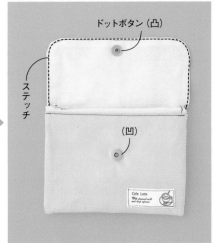

ドットボタン（凸）

ステッチ

（凹）

底の返し口をとじ、形を整えてフラップにステッチをかけ、ドットボタンをつける。

完成！

ポケット2つのポーチのでき上がり。表布eと裏布の深さを変えると、ポケットの深さが変わります。

口布にファスナーをつける

三日月ボディバッグ

ポーチに慣れたら少しステップアップ！　バッグ作りにもチャレンジしましょう。
作品が大きいからといって、ファスナーのつけ方はそれほど変わりません。
大きめのボディバッグは、使いやすさを考えて、両開きファスナーを使いました。

でき上がりサイズ（本体）
約縦17.5×横31.5cm、まち幅約10.5cm
作り方 ➡ p.65
（Design ／ gra..さん）

両開きファスナーだと、
必要な分だけ開けられる
ので便利。内面はポケッ
ト付きで小物の収納に。

ビスロン®
ファスナー

How to make

三日月ボディバッグ

材料
表布用11号帆布55×70cm、裏布用79号パラフィン帆布55×70cm、内ポケット40×20cm、5cm幅テープ1.5m、60cm両開きファスナー1本、5cm幅送りカン1個、5cm幅角カン1個。

実物大型紙はA面

※中央に合い印を入れておく

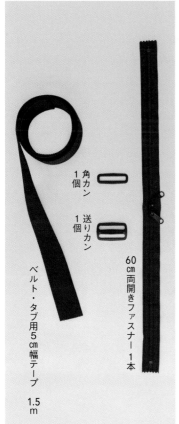

角カン 1個

送りカン 1個

ベルト・タブ用5cm幅テープ 1.5m

60cm両開きファスナー1本

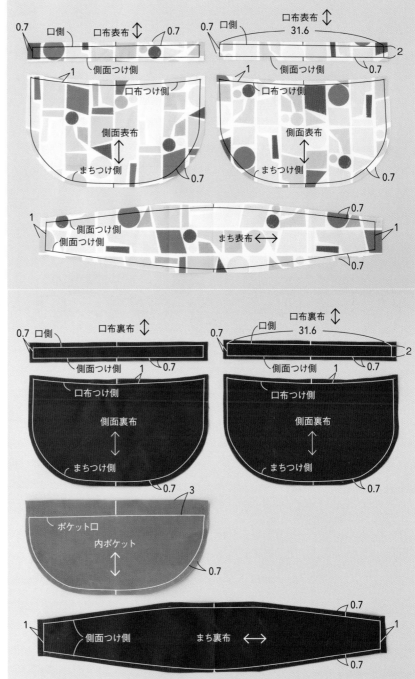

0.7 口側 口布表布 ↕ 0.7
側面つけ側 1
口布つけ側
側面表布 ↕
まちつけ側 0.7

0.7 口側 口布表布 ↕ 31.6 2
側面つけ側 1 0.7
口布つけ側
側面表布 ↕
まちつけ側 0.7

1 側面つけ側 0.7
側面つけ側 まち表布 ↔ 1
0.7

0.7 口側 口布裏布 ↕
側面つけ側 1 0.7
口布つけ側
側面裏布 ↕
まちつけ側

0.7 口側 口布裏布 ↕ 31.6 2
側面つけ側 1 0.7
口布つけ側
側面裏布 ↕
まちつけ側 0.7

0.7 3
ポケット口
内ポケット ↕
0.7

0.7 1
側面つけ側 まち裏布 ↔ 1
0.7

1 ショルダーひもを作ります

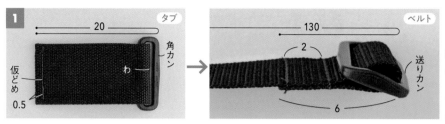

1 タブ 20 角カン わ 仮どめ 0.5 → 130 ベルト 2 送りカン 6

20cmにカットしたテープを角カンに通し、二つ折りにして仮どめし、タブを作る。残りの1.3mのテープを送りカンに通して折り、2カ所を縫いとめてベルトを作る。

タブ ベルト端 角カン / 送りカン ベルト / **2** 送りカン タブ 角カン ベルト端 ベルト

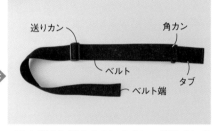

送りカン 角カン ベルト タブ ベルト端

ベルト端を矢印のように角カン→送りカンの順に通す。

2 ファスナーをつけた口布を作ります

1 ファスナー（表） 中央 16 16 印をつける

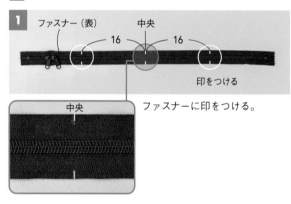

中央

ファスナーに印をつける。

2 仮どめ 中央 裏布（表） ファスナー（表）

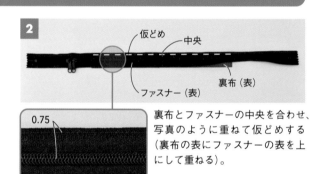

0.75

裏布とファスナーの中央を合わせ、写真のように重ねて仮どめする（裏布の表にファスナーの表を上にして重ねる）。

3 表布（裏） 0.7 ファスナー（表）

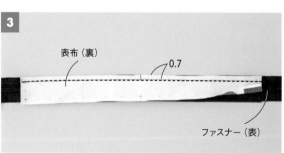

ファスナーと表布の中央を合わせて中表にして縫う。

4 表布（表） ステッチ ファスナー（表）

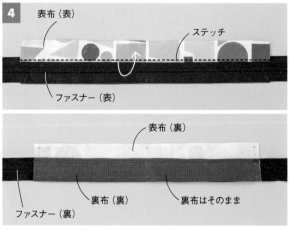

表布（裏） ファスナー（裏） 裏布（裏） 裏布はそのまま

表布のみを表に返し、ステッチをかける。

5

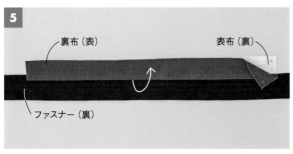

裏布（表）　　　　　　　　表布（裏）

ファスナー（裏）

裏布を表に返す。

6

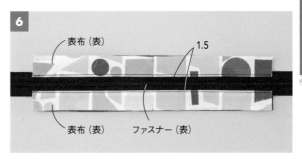

表布（表）　　　　　1.5

表布（表）　ファスナー（表）

ファスナーの反対側も **2** ～ **5** と同様に縫う。

3　表袋を作ります

1

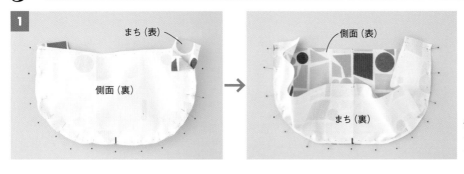

まち（表）

側面（裏）

側面（表）

まち（裏）

側面のまちつけ側とまちの側面
つけ側を中表に合わせてまち針
でとめる。

2

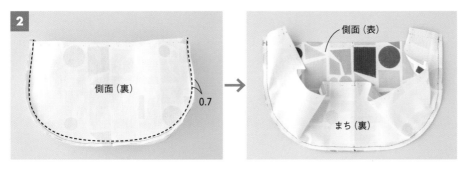

側面（裏）

0.7

側面（表）

まち（裏）

側面側を上にして縫う。

3

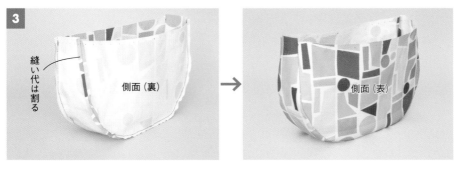

縫い代は割る

側面（裏）

側面（表）

もう1枚の側面も **1**・**2** と同様
に縫う。縫い代を割る。

4 裏袋を作ります

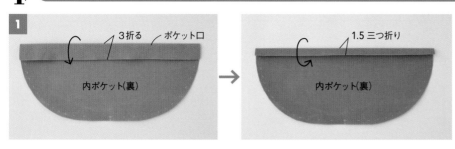

3折る　ポケット口

内ポケット(裏)

1.5 三つ折り

内ポケット(裏)

内ポケットのポケット口を三つ
折りにする。最初に縫い代を3
cm折り、一度開いて半分に折っ
てから三つ折りにする。

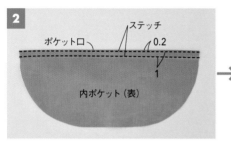

ステッチ

ポケット口　0.2

1

内ポケット(表)

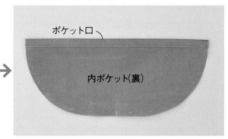

ポケット口

内ポケット(裏)

ポケット口に表から2本ステッ
チをかける。

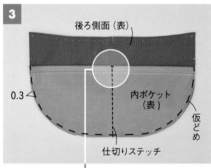

後ろ側面(表)

0.3

内ポケット
(表)

仮どめ

仕切りステッチ

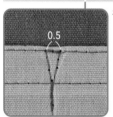

0.5

後ろ側面に内ポケット
を重ねて周囲を仮どめ
し、中央に仕切りのス
テッチをかける。ポケ
ット口側は三角にステ
ッチをかける。

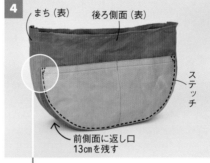

まち(表)　後ろ側面(表)

ステッチ

前側面に返し口
13cmを残す

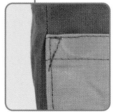

3とまちを中表に合わ
せて縫い、内ポケット
にステッチをかけて縫
い代を割る。ポケット
口の両脇は三角にステ
ッチをかける。前側面
とまちを中表に合わせ、
底側に返し口を残して
縫う。

5 まとめます

口布裏布(裏)

裏袋(裏)

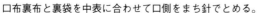

上から見ると

口布裏布(裏)

裏袋(裏)

口布裏布と裏袋を中表に合わせて口側をまち針でとめる。

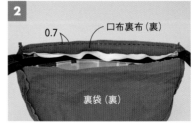

0.7　口布裏布(裏)

裏袋(裏)

印から印までを縫う。

3

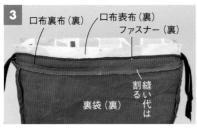

口布裏布（裏）　口布表布（裏）
ファスナー（裏）
縫い代は割る
裏袋（裏）

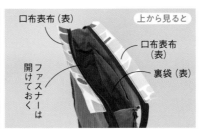

口布表布（表）　　上から見ると
口布表布（表）
ファスナーは開けておく
裏袋（表）

反対側も同様に縫う。縫い代を割る。

4

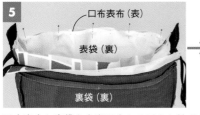

ショルダーひも
4
表袋（表）

ショルダーひもを表袋の両脇にまち針でとめる。

5

口布表布（表）
表袋（裏）
裏袋（裏）

0.7

脇の縫い代をよけて印まで縫う

口布表布と表袋を中表に合わせてまち針でとめ、印から印まで口側を縫う。

6

表袋（裏）
口布表布（裏）
裏袋（裏）

まちは縫わない
表袋（裏）

反対側も同様に縫う。縫い代を割る。

7

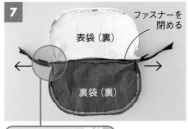

表袋（裏）
ファスナーを閉める
裏袋（裏）

写真のように表袋を引き出し、裏袋の返し口から手を入れてファスナーを閉じる。両脇に出ているファスナーをピンと引っぱって形を整え、表袋と裏袋のまちの口側をまち針でとめる。

8

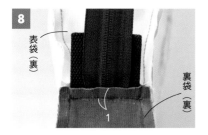

表袋（裏）
裏袋（裏）
1

印から印までまちの口側を縫う。

9

表袋（裏）
裏袋（裏）

カット　表袋（裏）　カット
裏袋（裏）

ショルダーひもとファスナーの余分をカットする。

10

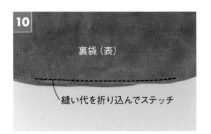

裏袋（表）
縫い代を折り込んでステッチ

表に返し、返し口をとじる。

完成！

形を整えて完成。

一枚布にファスナーをつける

ナイロンのアウトドア用リュック

両開きのファスナーや、立体的なファスナーポケットでふだん使いできるリュックに。
大作ですが、工程をひとつずつ追えば必ず完成します。
ナイロン素材の一枚仕立てで、軽くて丈夫なリュックは1つあると便利です。

でき上がりサイズ　約縦40×横30cm、まち幅約12.5cm
作り方➡p.71
（Design／橿 礼子さん）

（左）後ろポケットはノートやマスクを。リュックを置いたときにショルダーの収納もできる。（右）内ポケットは鍵や貴重品の指定席。

How to make
ナイロンのアウトドア用リュック

金属ファスナー

材料
本体110cm幅×1.5mナイロン地、ショルダー用3mm厚スポンジ4.5×30cm、50cmメタリオン両開きファスナー1本、30cmメタリオンファスナー1本、2.5cm幅テープ155cm、2.5cm幅角カン2個、2.5cm幅送りカン2個、2cm幅グログランリボン3.5m、3mm幅布用両面テープ。

実物大型紙はA面

3mm幅布用
両面テープ

2cm幅
グログランリボン

寸法図

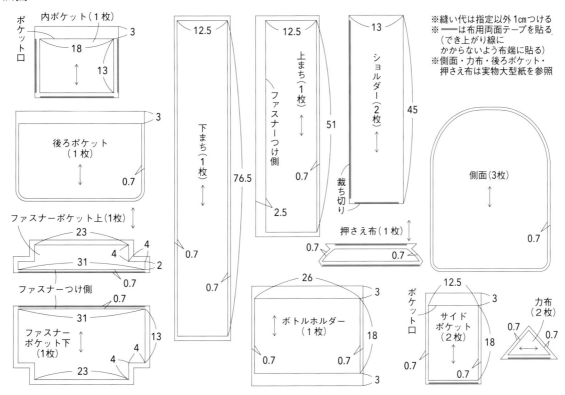

※縫い代は指定以外1cmつける
※——は布用両面テープを貼る
　（でき上がり線に
　かからないよう布端に貼る）
※側面・力布・後ろポケット・
　押さえ布は実物大型紙を参照

内ポケット（1枚）
ポケット口
3
18
13

後ろポケット（1枚）
3
0.7

ファスナーポケット上（1枚）
23
4
4
31
2
0.7

ファスナーつけ側
0.7

ファスナーポケット下（1枚）
31
13
4
4
23

下まち（1枚）
12.5
76.5
0.7
0.7

上まち（1枚）
12.5
ファスナーつけ側
51
0.7
2.5

ショルダー（2枚）
13
45
裁ち切り

押さえ布（1枚）
0.7
0.7

ボトルホルダー（1枚）
26
3
18
0.7　0.7
3

サイドポケット（2枚）
12.5
ポケット口
3
18
0.7
0.7

側面（3枚）
0.7

力布（2枚）
0.7　0.7

その他のパーツ

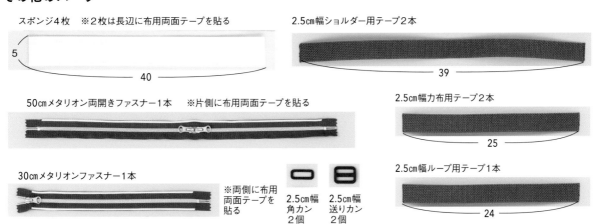

スポンジ4枚　※2枚は長辺に布用両面テープを貼る
5
40

2.5cm幅ショルダー用テープ2本
39

50cmメタリオン両開きファスナー1本　※片側に布用両面テープを貼る

2.5cm幅力布用テープ2本
25

30cmメタリオンファスナー1本
※両側に布用両面テープを貼る

2.5cm幅
角カン
2個

2.5cm幅
送りカン
2個

2.5cm幅ループ用テープ1本
24

1 各ポケットとボトルホルダーを作ります

1

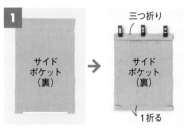

サイドポケットのポケット口を1.5cm
→1.5cmの三つ折りにし、底側の縫い代
を折って布用両面テープで貼る。

2

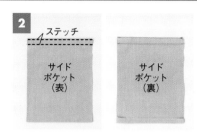

ポケット口に2本ステッチをかける。

3

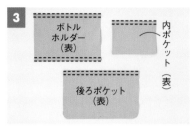

内ポケット、後ろポケットはポケット口を
1.5cm→1.5cmの三つ折りにしてステッチを
かける。ボトルホルダーは上下を1.5cm
→1.5cmの三つ折りにしてステッチをかける。

4

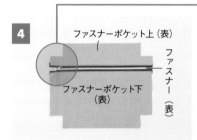

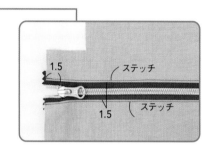

ファスナーポケットはつけ側の縫い代を
折って布用両面テープで貼り、30cmファ
スナーに重ねてステッチをかける。

5

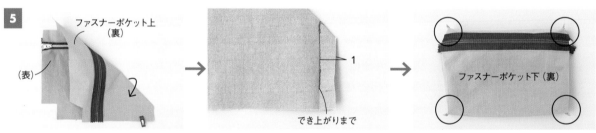

4の角を中表に合わせてまちを縫う。4カ所全てでき上がりまで縫う。

6

5の縫い代に布用両面テープを貼る。

7

4辺全てに布用両面テープを貼る。

8

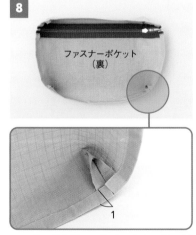

7の縫い代を折って貼る。まちの縫い代
は割る。

2 ショルダーとタブを作ります

1

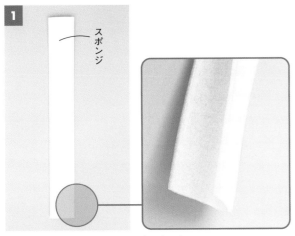

スポンジ2枚を布用両面テープで貼り合わせる。

2

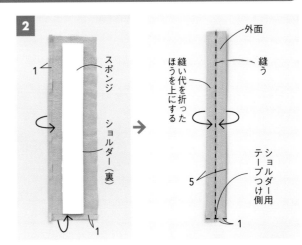

ショルダー布の片側の長辺と短辺の縫い代を折って布用両面テープで貼る。**1**のスポンジを中央に重ねてくるむように長辺を折り、中央とショルダー用テープつけ側を縫う。

3

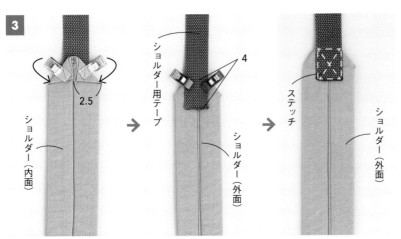

テープつけ側の両角を折り、ショルダー用テープを中央に重ねて縫う。

4

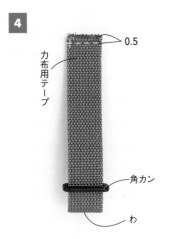

タブを作る。力布用テープに角カンを通し、二つ折りにして仮どめする。

5

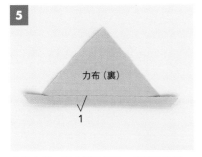

力布の縫い代1辺を折り、布用両面テープで貼る。

6

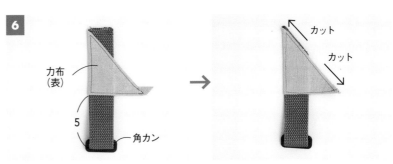

力布を外表に二つ折りにし、**4**を挟んで縫う。余分な縫い代をカットする。タブの完成。

7

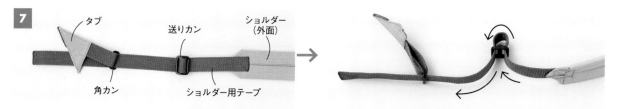

タブ　送りカン　ショルダー（外面）
角カン　ショルダー用テープ

ショルダー用テープに送りカン、タブの角カンを順に通す。

8

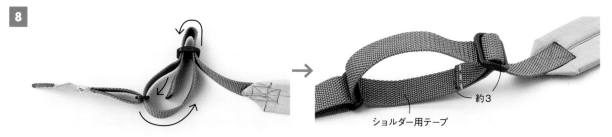

ショルダー用テープ　約3

ショルダー用テープを写真のように送りカンに通して縫う。左右対称にもう1本作る。

3 まちを作ります

1

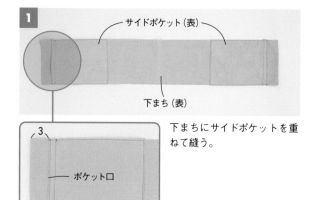

サイドポケット（表）
下まち（表）

3
ポケット口

下まちにサイドポケットを重ねて縫う。

2

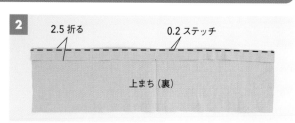

2.5 折る　　0.2 ステッチ
上まち（裏）

上まちのファスナーつけ側を2.5cm折り、ステッチをかける。

3

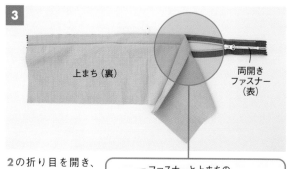

上まち（裏）　両開きファスナー（表）

ファスナーと上まちの中央を合わせる

2の折り目を開き、両開きファスナーと中表にし、布端とファスナー端を合わせて布用両面テープで貼る。

4

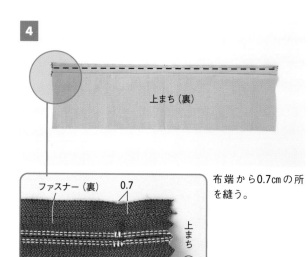

上まち（裏）

ファスナー（裏）　0.7　上まち（表）

布端から0.7cmの所を縫う。

5

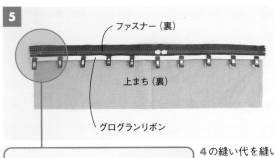

ファスナー（裏）

上まち（裏）

グログランリボン

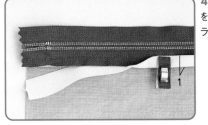

1

4の縫い代を縫い目を隠すようにグログランリボンで挟む。

6

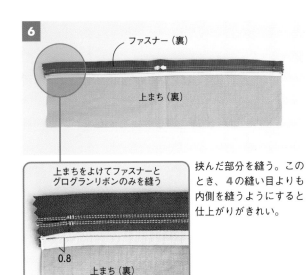

ファスナー（裏）

上まち（裏）

上まちをよけてファスナーとグログランリボンのみを縫う

0.8

上まち（裏）

挟んだ部分を縫う。このとき、**4**の縫い目よりも内側を縫うようにすると仕上がりがきれい。

7

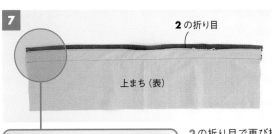

2の折り目

上まち（表）

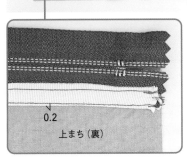

0.2

上まち（裏）

2の折り目で再び折り、グログランリボンの端を上まちに縫いとめる。

8

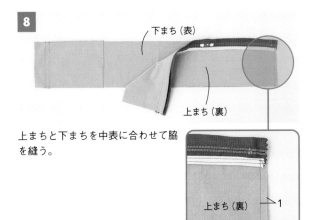

下まち（表）

上まち（裏）

上まち（裏）

1

上まちと下まちを中表に合わせて脇を縫う。

9

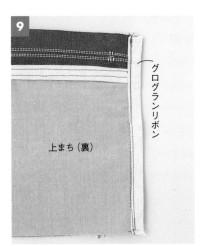

グログランリボン

上まち（裏）

8の縫い代をグログランリボンで挟んで縫う。

10

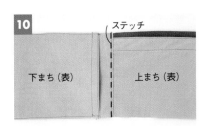

ステッチ

下まち（表）

上まち（表）

9の縫い代を下まち側に倒して表に返し、ステッチをかける。

11

上まち（表）

反対側も **8**〜**10**と同様に上まちと下まちを縫い合わせる。

4 側面を作ります

1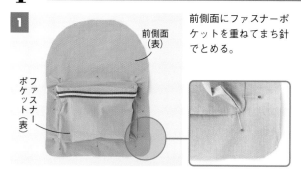

前側面にファスナーポケットを重ねてまち針でとめる。

前側面
（表）

ファスナーポケット（表）

2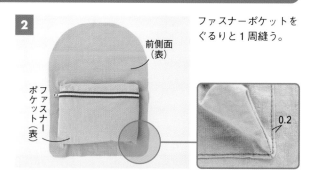

ファスナーポケットをぐるりと1周縫う。

前側面
（表）

ファスナーポケット（表）

0.2

3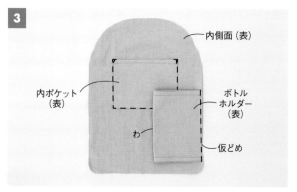

内側面（表）

内ポケット（表）

わ

ボトルホルダー（表）

仮どめ

内側面に内ポケットを重ねて縫い、ボトルホルダーを外表に二つ折りにして縫い代に仮どめする。

4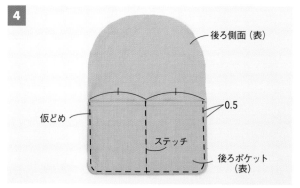

後ろ側面（表）

仮どめ

ステッチ

0.5

後ろポケット（表）

後ろ側面に後ろポケットを重ねて仮どめし、中央に仕切りのステッチをかける。

5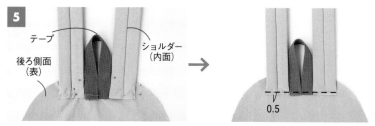

テープ

後ろ側面（表）

ショルダー（内面）

0.5

後ろ側面にショルダーとループ用テープを重ねて縫う。

6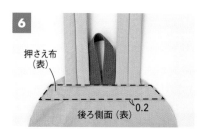

押さえ布（表）

後ろ側面（表）

0.2

押さえ布の長辺の縫い代を折って後ろ側面に重ね、ぐるりと1周縫う。

7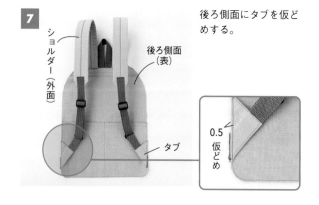

後ろ側面にタブを仮どめする。

ショルダー（外面）

後ろ側面（表）

タブ

0.5
仮どめ

8

内側

内側面（表）

外側

後ろ側面（表）

0.5

仮どめ

後ろ側面と内側面を外表に合わせて周囲を仮どめする。

5 まとめます

1

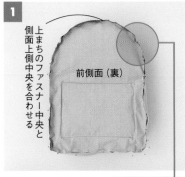

上まちのファスナー中央と側面上側中央を合わせる

前側面（裏）

前側面とまちを中表に合わせてまち針でとめる。上まちはファスナーの端と前側面の端を合わせる。直線部分から縫い始めると縫いやすい。

2

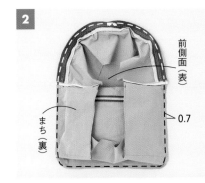

前側面（表）

まち（裏）

0.7

ぐるりと1周縫う。

まち（裏）

前側面（裏）

3

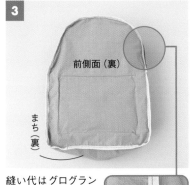

前側面（裏）

まち（裏）

縫い代はグログランリボンで挟んで縫う。

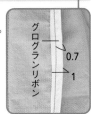

グログランリボン

0.7

1

4

前側面（表）

まち（表）

前側面にまちがついたところ。

5

グログランリボン

内側面（表）

後ろ側面とまちを1〜3と同様に縫い、縫い代を始末する。ファスナーは開けておく。

完成！

表に返して形を整える。機能的で使い勝手抜群のポケットがたくさん備わったリュックの完成。

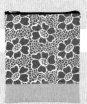

はぎ目を合わせる

前後面の切り替え線を合わせるには、本縫い前の仮どめの処理が最大のポイント。ずれないための仮どめ2種類の方法を実験しました。

●ミシンまたは手縫いで仮どめ

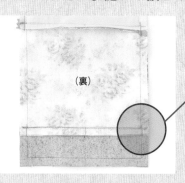

（裏）

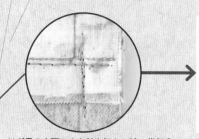

はぎ目の上下にまち針を打ち、縫い代部分をミシンで仮どめ。縫い代の真ん中よりもでき上がり線の近くを縫うのがポイント。

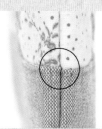

はぎ目がきれいに合った。布が厚い場合などはずれやすいので、手縫いで仮どめするのがおすすめ。

●メルターで仮どめ

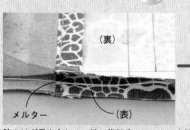

（裏）

メルター　（表）

（裏）

（表）

脇のはぎ目を合わせ、縫い代部分にメルターを挟み、アイロンで接着。
※メルター：熱で溶けて接着する糸。アイロンを当てて接着する際、布に接着芯など貼っている場合はアイロンを高温にしないよう注意を！

ぴったりはぎ目が合った。布を中表に合わせるギリギリまで確認しながらメルターを接着した成果。

口や脇をきれいに見せる

表に返す前に縫い代を割ることで、その後の作業もラクになります。

縫い代を割るのが鉄則

写真上はしっかり縫い代を割ったもの。縫い目がまっすぐで表布がきれいに出ている。写真下は縫い代を割らずに表に返したもの。縫い目が内側に入り込んでいるため、形を整えるのに時間がかかってしまう。

脇や底、口など表に返したとき折り返されている部分でも、縫い代を割ること。表に返した際、目打ちで縫い目を整える時間が格段に短くなるだけでなく、仕上がりにも差がつく！

厚地のときはこんな道具も便利

「コロコロオープナー」は力をかけずに縫い代を割れる便利品！

生地が厚く、爪アイロンではくせづけが難しい場合、ヘラを使って縫い代を割るとくせづけしやすい。

実践編 ❷

ファスナーを縫う
【ウエア】

ここでは、コンシール®ファスナーと、前開きのファスナーのつけ方、
2つのファスナーのつけ方を学びます。
ウエアにファスナーをつけるだけで、
ワンランクアップして既製品のような仕上がりを目指せます。

※80〜83ページに掲載の作品は商用不可です。

● 特に記載のない数字の単位は㎝です。
● 材料表記は全て横×縦です。
● 材料の用尺は少し余裕をもたせたサイズです。
● わかりやすく説明するために糸の色を変えていますが、
　実際は布やファスナーの色に合わせた糸を使ってください。

脇にコンシール®ファスナーをつけた

タックスカート

脇のファスナーで脱ぎ着しやすいデザイン。
一方向にたたんだタックで腰まわりのボリュームが抑えられ、
着たときのシルエットが美しい。丈はひざ下で、足がきれいに見える長さです。

でき上がりサイズ
S　ウエスト61.5cm
M　ウエスト65.5cm
L　ウエスト69.5cm
LL　ウエスト73.5cm
3L　ウエスト77.5cm
スカート丈は全て65cm
作り方➡**p.105**
コンシール®ファスナーの
つけ方➡**p.88**
（Design／水野佳子さん）

脇にコンシール®ファスナー
をつけ、ファスナーの上には
スプリングホックを。ウエス
トは縁どり布で始末する。

コンシール®ファスナーでウエストまわりがすっきり

ヨークパンツ

脇にコンシール®ファスナーをつけるだけなので、一般的な前開きパンツに比べ、
パーツが少なく仕立てはぐっと簡単。ひざから下はベーシックなストレートライン。
背丈に応じて好きな丈に調節できます。

前

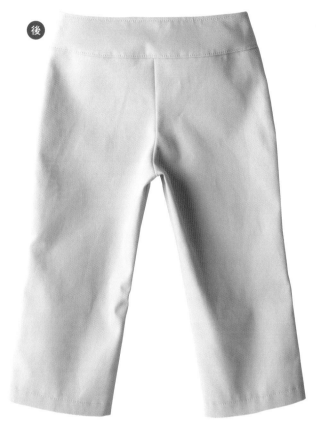

後

でき上がりサイズ
S　ウエスト74.5cm、ヒップ91cm
M　ウエスト78.5cm、ヒップ95cm
L　ウエスト82.5cm、ヒップ99cm
LL　ウエスト86.5cm、ヒップ103cm

3L　ウエスト90.5cm、ヒップ107cm
丈は全て股下約44.5cm（クロップド）
股下約74.5cm（フルレングス）

作り方 ➡ p.106-107
コンシール®ファスナー
のつけ方 ➡ p.88
（Design／水野佳子さん）

ウエストダーツのないヨーク仕立ては、
ヨークのカーブでお尻の丸みが立体的に
なる。ほどよくローウエストなので、トッ
プスをインにしてもアウトにしても、き
れいに着こなせる。

つけ終わったコンシール®ファスナー
は表からは引き手部分しか見えず、
すっきりきれい。ファスナーつけが苦
手な人も多いけれど、一度縫えばコツ
がつかめるので、ぜひ試してみて。

最も出番の多い、ベーシックなフルレン
グス。世代を問わず着こなせる。リネン
やコットンで作ればリラックスウエア
風、ウールならきちんとした雰囲気に。

本格的な前中心のファスナーをマスターしましょう
ワークスカート（カーキ無地）

5つのポケットにハンマーループまでついた本格的なデザインのワークスカート。
前中心のファスナーは、一度マスターすれば、さまざまなボトムス作りに応用できますよ。
フラットニット®ファスナーを使えば、家庭用ミシンでもラクに作れます。

でき上がりサイズ
S　ウエスト74.5cm、ヒップ98cm
M　ウエスト78.5cm、ヒップ102cm
L　ウエスト82.5cm、ヒップ106cm
スカート丈は全て83.5cm
作り方 ➡ **p.84-87,108-109**
（Design ／坂内鏡子さん）

後ろスカートはV字型のヨークで切り替
え、お尻の丸みにきれいにフィット。ミ
シン糸を布と同系色にすると落ち着いた
印象になり、着こなしの幅も広がる。

生地提供／ CHECK & STRIPE
（幅広ヴィンテージライクなコットン カーキ）

ワークスカート（ヒッコリー）

白くて細いストライプが特徴のヒッコリー生地は、アウトドア気分がさらにアップ。
ネイビー×白なら子供っぽくなりすぎず、落ち着いた雰囲気に仕上がります。
ミシン糸は白を選んでステッチをあえて際立たせ、デザインの一部にしました。

ワークスカートはフラットニット®ファスナーを使用。金属製と違い、上からミシンで縫うことができ、好きな長さにカットもできるので、初めての人でも簡単。

生地提供／布地のお店 ソールパーノ
（10s 先染めヒッコリー ネイビー）

How to make

ワークスカートのファスナーのつけ方 (p.82・83)

市販のパンツやスカートでよく見かける本格的なファスナー仕立て。手強そうに見えますが、見返しに先にファスナーを縫いつけるこの方法は、スムーズに縫えるのでおすすめです。基本の押さえがそのまま使え、カットも自在のフラットニット®ファスナーを使用します。

実物大型紙はC面

裁ち合わせ図と、ファスナーつけ以外の作り方はp.108-109をごらんください。

※わかりやすいよう、ポケットなどは省略しています。実際はp.108の作り方に沿って、ポケットをつけてから作業してください。

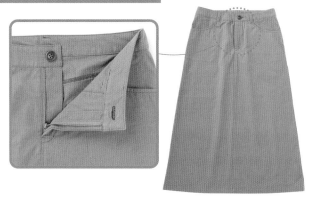

1 前あき見返しと持ち出しを作ります

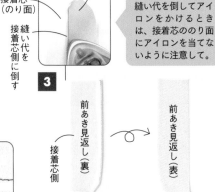

Advice
接着芯は、やや厚手の不織布タイプがおすすめ。

Advice
縫い代を倒してアイロンをかけるときは、接着芯ののり面にアイロンを当てないように注意して。

1

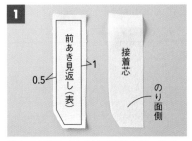

前あき見返し（1枚）に指定の縫い代をつけて裁つ。同寸で接着芯も1枚裁つ。

2

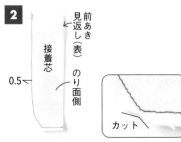

前あき見返しの表面の上に、接着芯を写真のように重ねて縫う。縫い代を0.5cmに切りそろえ、縫い代の重なりを減らすため、縫い代の一部をカットする。

3

2を表に返し、中温でアイロンを押し当てて、接着芯を貼る。このとき、先に内側から縫い代を接着芯側に倒して貼っておくと、仕上がりがきれい。

4

持ち出し（1枚）に指定の縫い代をつけて裁つ。同寸で接着芯も1枚裁つ。

5

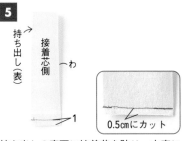

持ち出しの裏面に接着芯を貼り、中表に二つ折りにして片方の短辺を縫う。縫い代を0.5cmにカットする。

Advice
厚地で作る場合は、短辺の片方は縫い代をつけずに外表に二つ折りにし、ジグザグミシンをかけてもよいです。

6

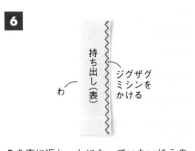

5を表に返し、わになっていないほうの長辺に、2枚合わせてジグザグミシンをかける。

2 スカートに前あき見返しとファスナーをつけます

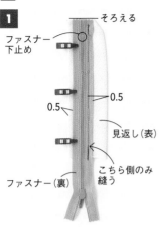

1

- そろえる
- ファスナー下止め
- 0.5
- 0.5
- 見返し(表)
- こちら側のみ縫う
- ファスナー(裏)

前あき見返し(以下、見返し)の表面とファスナーを写真のように中表に合わせ、仮どめクリップでとめる。ファスナーのテープ端から0.5cm内側を縫う。

> **Advice**
> ファスナーは、仮どめクリップでとめたほうとは反対側を縫うので間違えないように注意して。

2

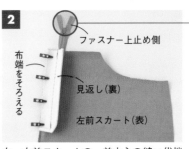

- ファスナー上止め側
- 布端をそろえる
- 見返し(裏)
- 左前スカート(表)

左・右前スカートの、前中心の縫い代端にジグザグミシンをかけておく。左前スカートと**1**を中表にして布端を合わせ、ファスナーをよけて仮どめクリップでとめる。

> **Advice**
> ファスナーの上止め側がスカートの上を向くように置き、スライダーは、外によけた状態で最後まで縫います。

3

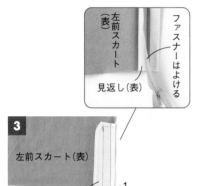

- 左前スカート(表)
- ファスナーはよける
- 見返し(表)
- 左前スカート(表)
- 1
- 見返し(裏)

ファスナーを縫い込まないよう注意しながら、見返しと左前スカートを縫う。

4

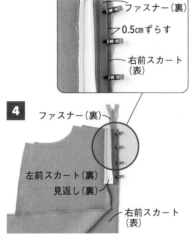

- ファスナー(裏)
- 0.5cmずらす
- 右前スカート(表)
- ファスナー(裏)
- 左前スカート(裏)
- 見返し(裏)
- 右前スカート(表)

右前スカートとファスナーを中表に合わせ、スカートの布端からファスナーを0.5cm内側にずらして仮どめクリップでとめる。

5

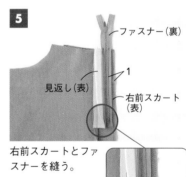

- ファスナー(裏)
- 見返し(表)
- 1
- 右前スカート(表)
- 1
- 縫う

右前スカートとファスナーを縫う。

6

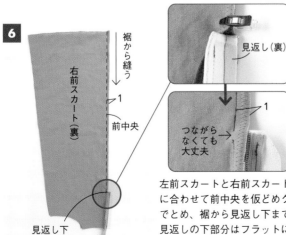

- 裾から縫う
- 右前スカート(裏)
- 1
- 前中央
- 見返し下
- 見返し(裏)
- 1
- つながらなくても大丈夫

左前スカートと右前スカートを中表に合わせて前中央を仮どめクリップでとめ、裾から見返し下まで縫う。見返しの下部分はフラットにならないので、縫える所まで縫う。

7

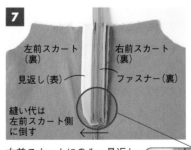

- 左前スカート(裏)
- 右前スカート(裏)
- 見返し(表)
- ファスナー(裏)
- 縫い代は左前スカート側に倒す

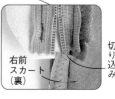

- 右前スカート(裏)
- 切り込み

右前スカートにのみ、見返し下位置の縫い代に切り込みを入れ、左右の前スカートを広げる。ファスナーは閉じたまま、見返しと前中央の縫い代は左前スカート側に倒す。

3 スカートに持ち出しをつけて仕上げます

1

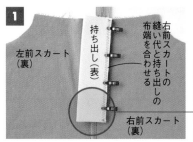 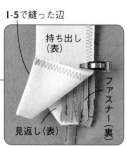

左前スカート（裏）

持ち出し（表）

右前スカートの縫い代と持ち出しの布端を合わせる

右前スカート（裏）

1-5で縫った辺

持ち出し（表）

見返し（表）

ファスナー（裏）

持ち出しをファスナーに重ね、持ち出しの右側（ジグザグミシンをかけたほう）と右前スカートの縫い代でファスナーを挟むようにそろえ、仮どめクリップでとめる。

2

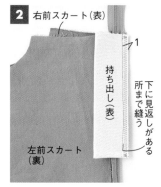

右前スカート（表）

1

持ち出し（表）

左前スカート（裏）

下に見返しがある所まで縫う

右前スカートをよけ、右前スカートと持ち出しを縫う。

3

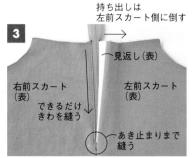

持ち出しは左前スカート側に倒す

見返し（表）

右前スカート（表）

左前スカート（表）

できるだけきわを縫う

あき止まりまで縫う

スカートを表にして、持ち出しを左前スカート側に倒す。右前スカートのあきのきわに、あき止まりまで表からステッチをかける。

Advice
「ディッチフット」などの、端を縫うのに便利な押さえに替えたり、針の基線を右に寄せたりして縫うと、より美しくきわが縫えます。

4

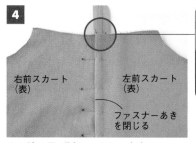 

右前スカート（表）

左前スカート（表）

ファスナーあきを閉じる

左前スカート（表）

見返しを控える

3の縫い目が隠れるように左右のスカートのあきを閉じ、まち針でとめる。このとき、見返しは左前スカートより約0.2cm内側に控えておく。

5

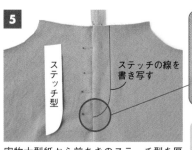 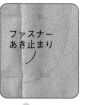

ステッチ型

ステッチの線を書き写す

ファスナーあき止まり

実物大型紙から前あきのステッチ型を厚紙に写し取り、型紙を用意する。前あき部分の左前スカート側に厚紙を当てて、ステッチの線を書き写す。さらに、ファスナーあき止まりの印をつけておく。

Advice
ステッチ線は消えるチャコペンで書くのがおすすめ。

6

持ち出しを右前スカート側によける

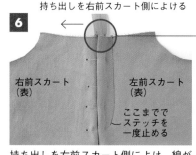 

右前スカート（表）

左前スカート（表）

ここまででステッチを一度止める

持ち出しをよける

左前スカート（表）

持ち出しを右前スカート側によけ、線がカーブする途中までステッチをかけて、スカートと見返しを縫う。

Advice
持ち出しを一緒に縫い込まないように注意して。

7

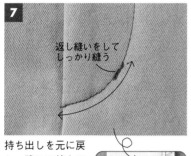

返し縫いをして
しっかり縫う

持ち出しを元に戻し、残りの線上にステッチをかけて持ち出しを縫う。

Advice
布が重なって厚いので、ゆっくり縫うこと。

8

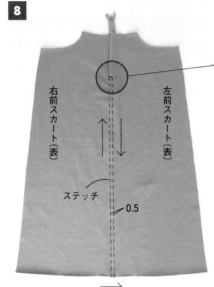

右前スカート（表）

左前スカート（表）

ステッチ

0.5

縫い代を左前スカート側に倒す

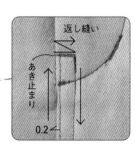

返し縫い

あき止まり

0.2

スカートの前中央の縫い代を左前スカート側に倒し、表から0.5㎝幅でステッチを2本かける。上はあき止まりまで縫い、横に返し縫いをしてしっかりさせる。

9

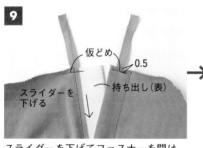

仮どめ

0.5

スライダーを下げる

持ち出し（表）

ファスナーをカット

スライダーを下げてファスナーを開け、上端から0.5㎝内側でファスナーを仮どめする。余分なファスナーをカットする。

Advice
ファスナーのカットは工作用ハサミで。ミシンをかけてからファスナーをカットしましょう。

---

column ❼ タックのたたみ方

タックとは、布を折りたたんで作るひだのこと。ボリュームがありながらも、すっきりとしたシルエットを作るのに効果的で、太さ、入れる本数によってデザインはがらりと変わります。型紙では2本の斜線で表示。斜線の上から下に向かって布をたたむ決まりがあります。

一方向にたたむ

斜線の上から下へ、タック線を重ねて布をたたむ。比較的ボリュームを抑えたすっきりとしたシルエットを作り出す。たたんだあと、でき上がり線より外側2〜3㎜の所にしつけまたはミシンで仮どめしておくと本縫いがスムーズに。

折り山をつき合わせてたたむ

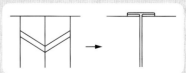

両端のタック線を中央で突き合わせるようにたたむ。一方向にたたむタックに対して、こちらはよりボリュームのあるフェミニンなシルエットを作り出す。こちらもタックをたたんだあとは仮どめしておくとよい。

How to make

コンシール®ファスナーのつけ方

(p.80・81)

コンシール®ファスナーは難しそうに見えますが、ポイントを押さえてしまえば、作業は思いのほか簡単。専用のミシン押さえ金「コンシール押さえ」を使えば、誰でもきれいにつけられます。

1 下準備をします

ファスナーつけ位置に接着芯を貼る。本体（スカートやパンツ）の脇をファスナーのあき止まりまで縫い合わせる。

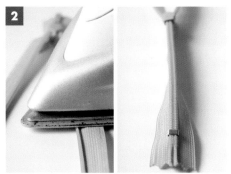

コンシール®ファスナーは、つけ寸法より2〜3cm以上長いものを用意する。ファスナーを開き、テープ部分にアイロン（中温）をかけて写真のようにムシが立ち上がるようにしておく。このひと手間で縫いやすくなる。

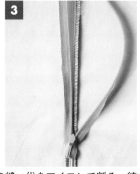

本体の縫い代をアイロンで割る。続いて開いたファスナーを、ファスナーつけ位置に中表に合わせ、しつけ縫いまたは両面接着テープで仮どめをする。スライダーはあき止まりの下までおろしておく。

2 縫います

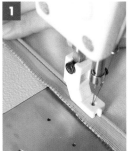

コンシール押さえをミシンにセットする。ファスナーのムシを押さえ金の溝にはめ込み、上端からあき止まりの5mmほど下までムシのきわを縫う。

同様に、もう一方のテープを本体に縫いつける。

3 仕上げます

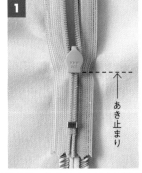

↑あき止まり

スライダーをあき止まりまで閉じ、引き手を表側に引き出す。この作業でスライダーがあき止まり位置より下にはいかなくなる。

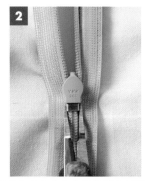

下どめをあき止まり位置まで動かし、ペンチで締めて固定する。

完成！

表

裏

表は引き手しか見えないすっきりとした仕上がりに。裏を確認し、あき止まりから下のファスナーが3cm以上長い場合は余分をカットしておくとよい。

商用OK

応用編

ファスナーを使いこなす

これまでに登場したファスナーのつけ方をマスターしたら、
もうファスナー上級者！
小さなポーチやケースから、大きなバッグや手の込んだペンケースなど、
さまざまなファスナー作品にもぜひ挑戦してください。

various practice

● 特に記載のない数字の単位は㎝です。

いくつも作りたい! シンプルなミニポーチ

L字ファスナーのミニ財布

フラットニット®ファスナー

手のひらサイズのミニ財布は、L字型にファスナーをつけ、口が大きく開く仕様に。カーブさせるので、柔らかいフラットニット®ファスナーで作るのがおすすめです。

でき上がりサイズ　各約縦10×横13cm
作り方 ➡ p.110
（Design／Kcotonさん）

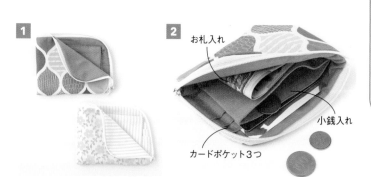

1 裏布は無地やストライプなどシンプルな柄をチョイス。**2** 小銭入れはオープンタイプで、ファスナーを閉めると小銭入れの入れ口も閉まる仕組み。

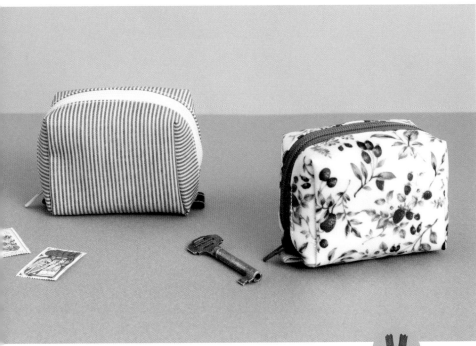

1 カギやイヤホンなどの小物の整理や、小さなお菓子を添えてプレゼントにしても。**2** タブは、違う色の端ぎれなどを使うとアクセントになって楽しい。

ミニスクエアポーチ

コイルファスナー

入れ口部分をファスナーがぐるりと囲む、ユニークな形。ラミネート地は布端がほつれる心配がないので、裏布なしで簡単に仕上げられるのもうれしい限り！

でき上がりサイズ　各約縦6×横8㎝、まち幅約4.5㎝
作り方⇒p.112
（Design／うさんこチャンネルさん）

オクタゴンポーチ

金属ファスナー

短いファスナーを活用したオーナメントポーチです。「オクタゴン」は英語で八角形。きちんと角ができるように縫い、縫い代をできるだけカットして形を整えるのがポイントです。

でき上がりサイズ
各約縦11.5×横11.5㎝
作り方⇒p.111
（Design／藤江由香さん）

1 タブには革を使用。ちょっとしたこだわりが、仕上がりに差をつける。**2** チロルテープもデザインのポイント。

ギフトにもぴったり! # スマートポーチ

コイルファスナー ## ツインルームポーチ

一枚仕立てのラミネートポーチ。シンプルに見えて、実はファスナーを開けると仕切りがたくさん！　片方飛び出したファスナーは、口が大きく開き、中身の取り出しがラクにできます。

でき上がりサイズ　各約縦11.5×横17.5㎝

作り方➡p.112・113

（Design／M+ みゆきさん）

大きいスペースには通帳やお薬手帳、小さなポケットには診察券やカードなどを整理できる。

1 ファスナーがまちまであり、入れ口が大きく開く。**2** 持ち手は最後につける。メイク道具などの収納にぴったり。

ビスロン®
ファスナー
持ち手付きポーチ

ぺたんこポーチの四隅をつまんでまちを作れば、容量たっぷりのボックス型ポーチが完成！ ファスナーはリング付きのカラフルなものを選び、ポーチの引き立て役に。

でき上がりサイズ　約縦9.5×横15cm、まち幅約5cm
作り方 ➡ p.114・115
（Design／うさんこチャンネルさん）

フラットニット®
ファスナー
スクエアポーチ

グレンチェックでシックな雰囲気のポーチは、まち部分の布をバイアスにとるだけで、こなれた印象に。ファスナーを長めにして、口が大きく開くように工夫したのもポイントです。

でき上がりサイズ　約15cm四方、まち幅約5cm
作り方 ➡ p.113
（Design／大野優子さん）

縫い代はバイアステープでパイピング始末。エッジがしっかりするので、スクエアの形をキープする役目も。

デザインにご注目! ラブリーポーチ

フラットニット®ファスナー ショートケーキ型ポーチ

キャラメルポーチをケーキに見立てて。スポンジ部分の生地の色やフルーツの色で、いろいろなケーキ作りが楽しめそう。ファスナーは作品になじむ色をセレクト。

でき上がりサイズ
各約縦8×横12cm、まち幅約7.5cm
作り方 ➡ p.116
（Design／相﨑美帆さん）

抹茶ケーキをイメージしたグリーンのポーチの内側も、スポンジと同じ色に統一。

金属ファスナー テトラ型オーナメントポーチ

8cmと短いファスナーで作るポーチも、テトラ型なら容量アップ。ゴールドやシルバーのレースを重ねたゴージャスなデザインは、クリスマスのオーナメントにしても素敵です。

でき上がりサイズ　各1辺約9cm
作り方 ➡ p.114
（Design／相﨑美帆さん）

後ろ側から見たところ。どの面から見ても立体的な三角形に。

表袋の切り替えを縫う際は、左右から中央に向かって1本ずつ縫うときれいな仕上がりに。リボンの代わりにボタンなどでも。

リボン&タックポーチ

金属ファスナー

中央のタックがふんわりとしたシルエットを作るフェミニンなポーチには、ゴールドのファスナーがお似合い。切り替えで布合わせを変えたり、レースを挟んだりとアレンジも楽しめそう。裏袋はタックなしの一枚布で手軽に。

でき上がりサイズ　各約縦10×横16cm、まち幅約4cm
作り方 ➡ **p.115**
（Design／平松千賀子さん）

コインケースCAT

コイルファスナー

背中にファスナーをつけたかわいいネコのコインケース。子供っぽくならないよう、クールな表情に仕上げるのがコツ。モフモフのファーのしっぽに癒されそう！

でき上がりサイズ
約縦10×横6.5cm
作り方 ➡ **p.126**
（Design／田巻由衣さん）

ファーのポンポンは、ファスナーの引き手を取り外し、スライダーに直接丸カンを通してつける。

使い勝手抜群！ # 多機能ポーチ

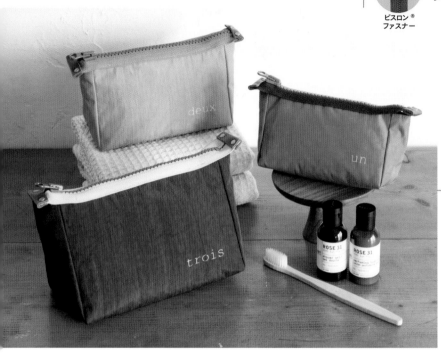

ビスロン®
ファスナー

ファスナーのっけポーチ

本体の上に幅広のファスナーをのせて縫いつける、初心者さんにも挑戦しやすいユニークなデザイン。本体にナイロンを選べば、多少の水ぬれもOKです。サイズ違いで作ってトラベルポーチにしても。

でき上がりサイズ
（大）約縦12×横18cm、まち幅約10cm
（中）約縦10×横16cm、まち幅約8cm
（小）約縦8×横14cm、まち幅約6cm
作り方 ➡ p.118
（Design／橿 礼子さん）

ファスナーの両端は合皮の端布をカシメでとめて、メンズライクなアクセントに。

金属ファスナー

A4ノートが入る書類ケース

外にも中にもポケットをたくさんつけて機能的に。厚いキルト芯を入れれば、パソコンケースとしても使えます。L字のカーブ部分はファスナーに少し切り込みを入れて、ゆっくり縫うのがコツ。

でき上がりサイズ
約縦26×横34cm
作り方 ➡ p.119
（Design／山本靖美さん）

L字につけたファスナーで大きく開閉できる。入れるもののサイズに合わせた内ポケットが便利。

上部スペースには、よく使うペン等を。脇に挟んだタブは、ファスナーをスムーズに開けるのにもひと役。

フラットニット® ファスナー 2段型のペンケース

スペースが上下2つに分かれており、使用頻度に合わせて分類するのも便利そう。上側面には厚手の接着キルト芯を貼り、しっかりした仕立てにしています。

でき上がりサイズ
約底短径7.5×長径19cm、高さ約12cm

作り方 ➡ p.116・117

（Design／長谷川久美子さん）

1 ファスナーを後ろ面までぐるりとつけ、上部を後ろに倒すようにして下側が開く仕組み。2 下部スペースにはコンパスやマスキングテープなどの道具類をまとめて。付箋やUSBは、上部底側にあるポケットに。

いつも一緒に!

ワンマイルバッグ

金属ファスナー サコッシュ

スマートフォンとカギさえあれば、近所への
お出かけは十分。毎日役立つサコッシュです。
本体は袋を二つ折りにしてフラップに。側面
のファスナーポケットは貴重品を入れて。

でき上がりサイズ　約縦14×横20cm
作り方 ➡ **p.120・121**

（Design／komihinataさん）

1 口側

2

1本体を二つ折りにしただけのフラップなので、口側からの出し入れもスム
ーズ。**2**薄型で自然と身体に寄り添う。送りカンで長さ調節が可能。

まちは、角丸の台形に。小ぶりながらもまち幅があるので、容量も十分。

ボストンバッグ型ポーチ

金属ファスナー

筒型の本格的なボストンバッグも、ミニサイズならデイリー仕様にぴったり。布の切り替えにあしらったレースがかわいい！ ファスナーをつけて表袋を作ったら、裏袋をファスナーにまつって仕上げます。

でき上がりサイズ　約縦10×横15cm、まち幅約8cm
作り方➡p.120
（Design／平松千賀子さん）

帆布のバイカラーモバイルポーチ

コイルファスナー

バイカラーのメンズライクなモバイルポーチ。薄手の11号帆布が縫いやすくておすすめです。後ろ面には取り出しやすさを考えて、ファスナーを縦につけました。

でき上がりサイズ
各約縦16.5×横11cm
作り方➡p.122
（Design／橿 礼子さん）

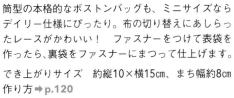

1 後ろ面に縦につけたファスナーは、大きく開くので出し入れがしやすい。**2** 外ポケットの口は布のみみを生かしてラフな仕上がりに。Dカンはカギなどをつけておくにも重宝。

コーデの主役! # カジュアルバッグ

ビスロン®
ファスナー

ナイロンの
ウエストポーチ

女性らしいソレイヤード柄も、ナイロンなら軽快な
印象に。スリムな形は着用時もすっきりと見えます。
白いリングファスナーがデザインの引き締め役!

でき上がりサイズ
約縦12×横26.5cm、まち幅約3cm
作り方 ➡ p.123

（Design／山本靖美さん）

1 斜めがけにしても。ナイロン素材で滑りやすく、本体を
前後に移動させるのもスムーズ。**2** まち付きなので500mℓ
のペットボトルも余裕で収納。ナイロンを扱う際、まち針
だと穴があいてしまうので、クリップを使うのがおすすめ。
3 後ろ全面はフラップ付きのポケットになっている。

作り方 ➡ p.124

太ストライプトート

金属ファスナー

A4サイズが入るバッグは本体が深いので、移動ファスナーポケットを内側につけ、細かいものを取り出しやすくしました。ボトムのポケットのような、外ポケットのピンクがおしゃれ！

でき上がりサイズ
約縦33×横27cm、まち幅約7cm
作り方 ➡ p.124
（Design／二瓶尚子さん）

1 バンドクリップの移動ファスナーポケットは取り外し可。他のバッグに付け替えもOK。**2** 内側には、水筒やペットボトルを固定できるホルダー付き。

コーデの主役! エレガントバッグ

金属ファスナー モロッカンショルダー

モロッカン柄とは、モロッコの建築物のタイルなどに使われている独特な幾何学模様。デニムと布合わせて、おしゃれなワンハンドルバッグに仕上げました。外ポケットのファスナーは、ゴールドを選んで上品に。

でき上がりサイズ　約縦22×横29cm、まち幅約10cm
作り方 ➡ p.125
（Design／大野優子さん）

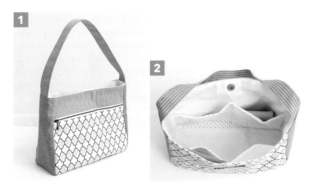

1 後ろ面にはファスナー付きの外ポケットがあり、落とすと困るものを収納できる。**2** 入れ口はスナップ1個でとめるデザイン。中のものが迷子にならないよう、内ポケットもあり。

シンプルなリュック

金属ファスナー

帆布で作ったリュックは人気のスクエア型。まっすぐつけたファスナーが、形をキープしてくれています。水墨画のようなリバティプリントとのコンビでぐっとエレガントに。

でき上がりサイズ　約縦37×横33cm、まち幅約10cm

作り方 ➡ **p.126・127**

（Design／猪俣友紀さん）

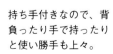

持ち手付きなので、背負ったり手で持ったりと使い勝手も上々。

1 ファスナー端を飛び出させ、革を挟んでカシメでとめて。革づかいで作品のグレードがアップ。**2** リュックの中には便利な内ポケット付き。口は両脇につけたひもで、広がらずに保てる。**3** リバティプリントを口布にもあしらって。

How to make ┊作り方┊

サイズ表　ヌード寸法（単位はcm）

	ウエスト	ヒップ
S	59	86
M	63	90
L	67	94
LL	71	98
3L	75	102

● 作り方イラスト内の数字の単位はcmです。

● 材料で○×○cmと記載されているものは、横×縦です。

● 材料の用尺は少し余裕をもたせたサイズです。

● 作り方ページに「実物大型紙は○面」と表示されている作品は、一部、または全てのパーツを綴じ込みの実物大型紙を使って作ります。表示がない作品は、パーツが直線でできているので型紙がありません。解説図内の寸法を見てご自身で型紙を作るか、布に直接線を引いてご用意ください。